Loslassen und leben

Inhalt

Inhalt

Loslassen ist leichter als festhalten

»Wo keine Freiheit ist, wird jede Lust getötet.« Johann Wolfgang von Goethe

Stellen Sie sich einmal Folgendes vor: Sie sind wirklich frei! Ein tolles Gefühl, nicht wahr? Doch das tatsächliche Leben, das wir führen, ist sehr häufig so unübersichtlich – zwischen den Informationsfluten, den Dingen, die wir haben oder unbedingt haben wollen und vielerlei Alltagssorgen merken wir manchmal kaum noch, was uns wirklich berührt. Wir spüren einen Stillstand in unserem Leben – und einen Heißhunger auf ... Ja was eigentlich? Auf Freiheit, echte Lebensfreude und Erfüllung!

Dieses Ziel zu erreichen, ist aber keine Utopie. Eigentlich ist es sogar recht einfach und für jeden durchführbar. Sie müssen nur ein paar Dinge aktiv in Ihrem Leben angehen und einiges ändern. Sie werden sehen, es ist gar nicht so schwer!

Spüren Sie Überflüssiges auf!

Wenn Sie lernen, Überflüssiges in Ihrem Leben aufzuspüren und es anschließend bewusst loszulassen, werden Sie eine echte Befreiung erleben. Dann können Sie damit beginnen, Ihr Leben fortan unbeschwert zu genießen.

Lassen Sie alles Überflüssige und Beschwerende los, und werden Sie wieder leicht, frei und glücklich!

Es braucht keine großen Anstrengungen, damit Sie mehr Freiheit und Lebenslust gewinnen: Je mehr Sie sich von Unwesentlichem befreien – beispielsweise von Ängsten, von Menschen, die Ihnen nicht gut tun, von vermeintlichen Zwängen und natürlich auch von Besitz, der Sie belastet –, desto mehr Wesentliches tritt in Ihr Leben. Machen Sie sich jetzt sofort auf den Weg in ein neues, unbeschwerteres und glücklicheres Leben!

Jo Schwarz

Loslassen, was Sie **nicht** brauchen

- *Müll muss auf den Müll!*
- *Die Freude an der Befreiung*
- *Qualitätssicherung*
- *Ordnung ohne Zwang*
- *Geld soll nicht belasten*

Wie viele Dinge besitzen Sie? Sicher mehr als Sie wissen. All die Dinge, die Sie haben, aber von denen Sie nichts wissen, sind für Sie absolut wertlos! Sie haben zwei Möglichkeiten. Erstens: Erleichtern Sie Ihr Leben, indem Sie loslassen, was Sie nicht brauchen. Zweitens: Erleichtern Sie Ihr Leben, indem Sie Ordnung in Ihre Sachen bringen.

Müll **muss** auf den Müll!

»Die Dinge haben nur den Wert, den man ihnen verleiht.« Jean Baptiste Molière

Versuchen Sie einmal im Kopf aufzulisten, was Sie alles besitzen. Mit den großen und den wichtigen Sachen wie Auto, Bett, Kühlschrank ist es ja noch einfach. Aber ich bin mir sicher, dass Sie nicht annähernd alles aufzählen könnten. Das liegt nicht daran, dass Sie ein schlechtes Gedächtnis hätten, sondern vor allem daran, dass Sie vieles, was Sie haben, überhaupt nicht (ge)brauchen.

Ballast abwerfen fällt oft schwer

Nun wäre das ja eigentlich nicht weiter tragisch – wenn Ihr Besitz nicht eine unheimliche Macht über Sie entfalten würde. Einmal nehmen die vielen Dinge, die Sie haben, aber gar nicht brauchen, Platz weg. Dann verstellen sie den Blick auf die wichtigen Dinge und machen Ihr Leben, wenn meist auch kaum spürbar, unübersichtlicher. Und schließlich – und das ist das Wichtigste – nehmen sie Raum in Ihrem Unterbewusstsein ein.

Haben Sie nicht auch schon einmal gespürt, dass es Ihnen schwer fällt, etwas Unnötiges wegzuwerfen? Es scheint ja meist auch gar nicht nötig: Ob nun die alten Schulhefte in einer Kiste im Keller stehen oder nicht, ist doch egal – oder?

Stellen Sie sich vor …

… dass alles, was Sie besitzen, einen Teil Ihres Geistes beansprucht: vielleicht nur einen winzigen Teil, aber immerhin. Würden Sie dann nicht auch meinen, dass Sie sich einen großen Gefallen tun, wenn Sie die Dinge, die Sie nicht brauchen, daraus entfernen und damit Energie für wichtige und wesentliche Dinge gewinnen?

Um eins gleich vorwegzunehmen: Es geht nicht darum, dass Sie völlig anspruchslos, bescheiden, nur an geistigen Dingen interessiert, geizig oder wie ein Mönch werden sollen. Nichts dergleichen! Ich möchte ganz im Gegenteil, dass Sie Ihr Leben mehr genießen, mehr Freude an den Dingen haben, die Sie Ihr Eigen nennen, dass Sie mehr Freiheit und Lebenslust gewinnen.

Weniger ist mehr!

Dieser Satz ist im Grund genommen leicht zu verstehen. Stellen Sie sich ein Zimmer vor, in dem Ihr Lieblingsbild, beispielsweise ein echter Picasso, hängt. Wäre das nicht toll? Ja, natürlich. Aber wenn nun der Rest der Wand mit zerfledderten Postern von Kitschbildern beklebt wäre – könnten Sie dann den Picasso noch genauso genießen?
Ich bin mir sicher, dass Sie in diesem Fall die Poster so schnell wie möglich entfernen würden. Wahrscheinlich würden Sie sogar die Wände neu streichen, damit das Bild noch besser zur Geltung kommt.

Nicht nur ein Bild braucht Luft und Platz, damit es wirken kann. Auch der Mensch benötigt genügend Raum, um atmen zu können.

Eins nach dem anderen

Der Weg zur Befreiung vom Unwesentlichen ist leicht. Er muss leicht sein, sonst ist es ja keine Befreiung, sondern nur eine weitere Last! Mit drei »Grundregeln« machen Sie es sich leicht:

1. Regel
Vermeiden Sie jede Zwanghaftigkeit. Sie »müssen« nicht – Sie wollen!
2. Regel
Gehen Sie immer nur einen Schritt nach dem anderen. Versuchen Sie nicht, alles auf einmal zu erreichen!
3. Regel
Achten Sie auf Qualität statt Quantität. Verschönern Sie Ihr Leben!
Diese drei Regeln gelten für alles Weitere in diesem Buch.

Sklaverei!

Schon Christian Morgenstern wusste: »Es gibt keine ›toten‹ Gegenstände. Jeder Gegenstand ist eine Lebensäußerung, die weiter wirkt und ihre Ansprüche geltend macht wie ein gegenwärtig Lebendiges. Und je mehr Gegenstände du daher besitzest, desto mehr Ansprüche hast du zu befriedigen. Nicht nur sie dienen uns, sondern auch wir müssen ihnen dienen. Und wir sind oft viel mehr ihre Diener, als sie die unsern.«

Keine Angst vor dem ganzen Wust, der Sie beim Ausmisten erwartet. Wenn Sie in kleinen Schritten vorangehen, ist das Ganze nur halb so schlimm – und das Ergebniss wird äußert befriedigend sein.

Ausmisten ist angesagt!

Sie werden staunen, wie viel wohler Sie sich fühlen, wenn Sie damit beginnen, sich von all dem unnötigen Kram, der sich im Lauf der Jahre angesammelt hat, zu befreien. Tatsächlich ist unsere Habe meist so unübersichtlich, dass wir verzweifeln können, wenn wir damit beginnen wollen, uns von Unwesentlichem zu lösen. Dass Sie verzweifeln, ist natürlich das Letzte, was ich will – daher gehen wir nun Schritt für Schritt verschiedene Bereiche durch: Ihr Papiere, Ihre Kleidung, Ihre Haushaltsgegenstände, Ihre Bücher und schließlich Ihre Wohnung. Denken Sie daran: Sie müssen gar nichts. Nur wenn Sie wollen …

Alter Papierkram

Wahrscheinlich haben Sie keine so großen »Papierprobleme« wie ich – als Autor passiert es mir nur zu leicht, dass sich Manuskripte, Briefe von Lesern und Verlagen, Notizen und Entwürfe stapeln. Ohne regelmäßiges Ausmisten würde ich wahrscheinlich in Papier ersticken. Und doch bin ich mir sicher, dass Sie kiloweise Papier horten, das Sie nicht brauchen. Einige Beispiele:

- Gebrauchsanleitungen für Geräte, die Sie nicht mehr haben
- Ordner mit Unterlagen aus der Schulzeit oder dem Studium
- alte Zeitungen und Zeitschriften

- alte Kalender
- abgelaufene Garantiescheine, Gutscheine, Gewinnscheine
- alte nichts sagende Briefe oder Grußkarten
- alte Kataloge
- Notizen, die sich erledigt haben

Schritt für Schritt vorangehen

Nun, habe ich recht gehabt? Sie brauchen nun nicht den Ehrgeiz zu entwickeln, alles auf einmal auszumisten. Lassen Sie sich ruhig Zeit. Beginnen Sie einfach mit einer einzigen Schublade. Schon der erste kleine Schritt der Befreiung vom Unwesentlichen ist der erste Schritt zu einer großen Veränderung hin zu einer neuen Freiheit!

Wer einmal mit der Drei-Kisten-Methode vertraut ist, wird sie immer wieder – auch in vielen anderen Lebensbereichen – anwenden.

Die Drei-Kisten-Methode

Diese Methode ist nicht nur gut, um Ihren Papierkram zu ordnen. Sie können sie auch für andere »Befreiungs-Projekte« nutzen.

Die erste Kiste – Müll Von allem, was hier hineinkommt, können Sie sich ohne Schwierigkeiten und lange Überlegungen trennen.

Die zweite Kiste – Wesentliches Alles was hier hineinkommt, brauchen Sie ganz sicher noch.

Die dritte Kiste – Fragwürdiges und Schmerzhaftes Hier tun Sie Dinge hinein, von denen Sie nicht wissen, ob Sie sie nicht doch noch brauchen oder bei denen Ihnen die Trennung wehtut. Ganz wichtig: Diese Kiste sollte am wenigsten Dinge enthalten!

Die vierte Kiste – die Wunderkiste Wenn Sie möchten, können Sie noch diese Kiste dazunehmen. In diese kommen nur Dinge, die von ganz zentraler, emotionaler Bedeutung für Ihr Leben sind, die ganz besonders schön sind, die Sie niemals aufgeben würden und an denen Sie sich immer wieder freuen. Achtung: In diese Kiste kommt nur, was alle diese Bedingungen erfüllt!

Tipp

Sehr interessant ist es übrigens, sich die dritte Kiste mit den fragwürdigen und schmerzhaften Dingen einen Tag später noch einmal vorzunehmen und dann aus dieser Kiste wieder drei Gruppen zu bilden. Sie werden staunen!

Das Büro aufräumen

Wenn Sie einen großen Schreibtisch haben – ob zu Hause oder im Büro – wird er höchstwahrscheinlich überfüllt sein. Machen Sie sich klar, dass die Zeit, die Sie aufwenden, um Ihren Arbeitsplatz aufzuräumen, kein Zeitverlust ist, sondern ein Zeitgewinn!

Den Schreibtisch entrümpeln

Mit einer Abwandlung der oben beschriebenen Drei-Kisten-Methode werden Sie es genießen, an Ihrem Schreibtisch zu sitzen – zumindest werden Sie entspannter sein als zuvor.

Es ist eigentlich unglaublich, was sich auf und in einem Schreibtisch im Lauf der Jahre so alles ansammelt. Höchste Zeit also, mal kräftig auszumisten.

Erster Schritt Teilen Sie Ihren Schreibtisch in drei Felder (siehe unten) auf, und stellen Sie einen leeren Papierkorb daneben.

Zweiter Schritt Arbeiten Sie sich im Uhrzeigersinn voran, bis Sie alle Dinge durchsortiert haben. Geben Sie bitte nicht vorher auf!

Der Papierkorb In den Papierkorb kommt – natürlich! – alles, was Sie definitiv nicht mehr brauchen, beispielsweise:

- Briefpapier, das verschmutz oder faltig ist oder nicht mehr den aktuellen Briefkopf trägt
- Gruß- und Glückwunschkarten, die Sie schon beantwortet haben
- Notizzettel, die nicht mehr aktuell sind
- gelesene Zeitschriften oder solche, die Sie ohnehin nicht mehr lesen
- erledigte Akten, die nicht aufbewahrungspflichtig sind

Das erste Feld – TO DO Alles, was Sie selbst erledigen müssen.

Das zweite Feld – OUT Hierhin kommt alles, was Sie weiterleiten und delegieren können. Halten Sie nicht an Dingen fest, die Sie nicht wirklich unbedingt selbst tun müssen!

Das dritte Feld – SOFORT! Auf diesem Feld landet alles, was Sie sofort erledigen müssen. Sofort heißt sofort. Dieses Feld enthält also nur jeweils ein Stück – und das bearbeiten Sie, und zwar bevor Sie mit dem Schreitischaufräumen weitermachen, zum Beispiel:

Sie werden sehen: Es macht so viel mehr Spaß, an einem übersichtlichen und aufgeräumten Schreibtisch zu arbeiten!

- Briefe, die schnell beantwortet werden müssen
- Telefonate, die Sie am besten gleich führen
- Unterlagen, die Sie jetzt in dem entsprechenden Ordner abheften

Zum Schluss Fertig! Lehnen Sie sich für ein paar Minuten zurück, und genießen Sie Ihre neue Freiheit!

Ein (einigermaßen) ordentlicher und übersichtlicher Schreibtisch wird Ihnen die Arbeit sicherlich sehr erleichtern. Sie werden ja sehen!

Des Kaisers alte Kleider

Kennen Sie das Märchen von des Kaisers neuen Kleidern? Diese Kleider waren nur eingebildete Kleider, und der Kaiser ging nackt – quasi die absolute Befreiung. So weit wollen wir natürlich nicht gehen. Doch mal ehrlich: Haben Sie nicht viel mehr Kleidung als Sie brauchen – ganz gleich, wie abwechslungsreich Sie es mögen?

Den Kleiderschrank sortieren

Also: Ran an die alten Klamotten! Beginnen Sie damit, Ihren Kleiderschrank neu zu ordnen.

Von links Hierhin hängen Sie die Kleidung, die Sie über ein Jahr nicht getragen haben. Je weiter links, desto länger haben Sie dieses Stück nicht mehr angezogen. Ganz nach links kommt Kleidung, die beschädigt ist.

Von rechts Hier sortieren Sie die Kleidung ein, die Sie in letzter Zeit häufig getragen haben.

In die Mitte Hier hängen Sie die Kleidung auf, die Sie zwar in letzter Zeit nicht getragen haben – aber nur, weil sie nicht zum Wetter passte.

Sich von Kleidungsballast befreien

»Ach wie zahlreich sind doch die Dinge, derer ich nicht bedarf!« Sokrates

So weit so gut. Jetzt haben Sie ein wenig mehr Übersicht, aber sonst hat sich nichts geändert; Ihr Kleiderschrank ist so voll wie zuvor. Doch wenn der Schrank nicht mindestens zu einem Drittel leer ist, ist er überfüllt! Nach der Links-Mitte-Rechts-Sortierung haben Sie es jetzt aber beim Ausmisten leicht.

Die Ein-Drittel-Freiheit

Nehmen Sie alles von der linken Seite, bis Ihr Schrank maximal zu zwei Dritteln gefüllt ist. Das hat gleich mehrere Vorteile:

- Sie haben Übersicht gewonnen.
- Die Qual der Wahl (die ja ohnehin nie auf die Sachen auf der linken Seite gefallen ist) entfällt.
- Es ist nun viel leichter, Stücke aus dem Schrank zu nehmen und wieder hineinzuhängen.

Die Drei-Kisten-Methode

Für die ausgemusterten Kleidungsstücke können Sie natürlich wieder die Drei-Kisten-Methode einsetzen:

Die erste Kiste Hier hinein wandert die Kleidung, die beschädigt ist und die Sie sowieso eine Ewigkeit nicht mehr getragen haben. Auf den Müll damit!

Die zweite Kiste Sie enthält die Kleidung, die Sie nicht mehr tragen, die aber in Ordnung ist. Diese Dinge geben Sie zur Kleiderspende, in den Secondhand-Laden oder Bekannten, die sich darüber freuen.

Die dritte Kiste Hier kommen die absoluten Ausnahmen hinein. Kleidung, die Sie nur lange »übersehen« haben und die Sie ganz sicher in der nächsten Woche tragen wollen.

Den Elektrodschungel lichten

Gibt es eigentlich noch irgendetwas, das nicht elektrisch betrieben werden kann? Licht, Herd, Kühlschrank, Stereoanlage, Computer und Fernseher– klar. Elektrische Kaffeemühle, elektrische Zahnbürste, elektrischer Rasierer – nun ja. Ein Freund von mir hat sogar ein elektrisches Cello!

Ich glaube, dass Sie sich das Leben einfacher machen, wenn Sie nicht jeden Aspekt Ihres Lebens elektrifizieren. Spätestens bei einem Stromausfall spüren wir, wie abhängig wir vom Strom sind. Es ist doch schön, wenn wir auch (oder gerade) dann, wenn der Strom ausfällt, noch die Zähne putzen, uns rasieren oder Cello spielen können. Sie sparen dabei auch noch: erstens, weil Sie weniger Strom brauchen und zweitens, weil die elektrischen Varianten meist teurer sind (und mehr Möglichkeiten haben, kaputt zu gehen).

WER SUCHET, DER FINDET!
Durchforsten Sie Ihre Wohnung nach alten, kaputten Elektrogeräten, und befreien Sie sich von ihnen. Das spart zwar keinen Strom, fühlt sich aber gut an!

Weg damit!

Vielleicht haben Sie sich aber so an Ihre elektrische Zahnbürste gewöhnt, dass Sie sie nicht aufgeben wollen. Und vielleicht putzt sie ja tatsächlich besser. Was Sie aber mit Sicherheit nicht brauchen, sind defekte Geräte, die sich in Schubladen oder Abstellkammern verbergen – oder einfach herumstehen. Befreien Sie sich zumindest davon! Sie werden Ihren alten defekten Elektrorasierer sicher nicht mehr reparieren. Also: weg damit!

Den Bücherwald durchforsten

Zu Büchern habe ich als Autor und Vielleser natürlich eine ganz besondere Beziehung. Früher fiel es mir sehr schwer, mich von Büchern zu trennen. So schwer, dass sich, nachdem alle Bücherschränke in zwei Reihen voll gestellt waren, die Bücher an allen Ecken und Enden stapelten. So ging es nicht weiter.

Gelesene Taschenbücher kann man wunderbar auf Flohmärkten verkaufen – und nicht nur alte Taschenbücher …

Möglicherweise ist es bei Ihnen nicht so schlimm. Aber vielleicht stapeln sich auch bei Ihnen Bücher. So schön Bücher auch sind: Wenn Sie sie nicht lesen, sind Bücher nur Papier, das Platz wegnimmt – vor allem wenn sie sich stapeln und nicht einmal dekorativen Zwecken dienen können.

Wenn Sie mehr als, sagen wir einmal, 100 Bücher haben, sollten Sie sie durchgehen und sich von unnötigem Ballast befreien. Nicht zuletzt haben Sie dann wieder Platz für neue Bücher!

Die Drei-Kisten-Methode

Am besten gehen Sie auch beim Bücherregal wieder nach der Drei-Kisten-Methode vor:

Die erste Kiste Hier hinein kommen die Bücher, die Sie schon gelesen haben und die Sie nicht noch einmal lesen wollen. Außerdem gelesene Taschenbücher und Bücher, die seit Jahren bei Ihnen herumstehen und auf die Sie überhaupt keine Lust haben – alles Abfall!

Die zweite Kiste In diese Kiste legen Sie alle Bücher, die Sie weiterempfehlen würden und/oder an Freunde verleihen können. Zusätzlich auch die Bücher, die wichtige Informationen enthalten (und die Sie öfter als alle paar Jahre einmal brauchen!).

Die dritte Kiste In die letzte Kiste gehören besonders schöne und wertvolle Bücher, auf die Sie keinesfalls verzichten wollen und können. Das sind also die Bücher, die Sie wieder ins Regal einsortieren.

Tipp

Vermeiden Sie unbedingt das, was ich früher leider immer gemacht habe: Stellen Sie Ihre Bücher nie in zwei Reihen auf. Selbst wenn Sie ein Buch in der zweiten Reihe lesen wollten – finden würden Sie es dann wohl sowieso nicht!

Der Minimalraum

Ich habe einmal eine tolle Idee gelesen, die ich Ihnen hier nicht vorenthalten möchte: Wenn Sie nicht gerade beengt wohnen, machen Sie ein Zimmer zu einem Test-Zimmer, in dem Sie nach Herzenslust ausprobieren, wie schön es sich anfühlt, sich von Ballast zu befreien.
Stellen Sie in diesen Raum nur:

- Dinge, die Sie besonders schön finden
- Dinge, die besonders edel und wertvoll sind
- Dinge, die auch einen Nutzen erfüllen

Haben Sie keine Angst, dass das »kalt« oder »tot« wirken könnte – die Lebendigkeit oder Wärme eines Raumes hängt nicht von der Anzahl der Dinge ab, die sich darin befinden, sondern von Farben, Oberflächen und Beleuchtung. Warme Farben, indirektes Licht, raue Oberflächen: All das macht selbst einen leeren Raum gemütlich.

Solch einen Minimalraum können Sie hervorragend nutzen, um mal wieder richtig zur Ruhe zu kommen – den Alltagsstress loszulassen.

Vergrößern Sie Ihre Wohnung

Tatsächlich können Sie Ihre Wohnfläche vergrößern, ohne umzuziehen (oder das Zaubern zu erlernen). Mit den bisherigen Tipps haben Sie ja vielleicht schon Platz in einigen Schubladen, Schränken und Regalen geschaffen. Vielleicht sogar so viel, dass ein ganzer Schrank oder ein Regal überflüssig wird? Wenn ja – dann befreien Sie sich von diesem Teil, und gewinnen Sie ein paar Quadratmeter Wohnraum.

Platz gewinnen

Es funktioniert auch umgekehrt: Möglicherweise hat Ihnen ein alter Schrank, den Sie vor zehn Jahren gekauft haben, schon fünf Jahre lang nicht mehr gefallen. Sie können eigentlich nur gewinnen, wenn Sie das Ding los sind. Und unter den Sachen, die darin sind, findet sich gewiss auch manches, das sich im Müll besser macht …

Die **Freude** an der Befreiung

Sie haben nun schon eine ganze Menge darüber gehört, wie Sie sich von Unwesentlichem befreien können. Lassen Sie uns jetzt eine kleine Pause einlegen. Vielleicht haben Sie bisher nur gelesen, aber noch nicht gehandelt. Dann wird es Zeit, zur Tat zu schreiten. Zu lesen, wie Sie unbeschwerter und leichter leben können, befreit Sie ja noch nicht. Möglicherweise haben Sie sogar den Eindruck gewonnen, Ihnen würde eine weitere Last aufgebürdet. »Mein Leben ist schon so kompliziert – und jetzt soll ich auch noch aufräumen und ordnen!«

Sobald Sie angefangen haben, sich zu befreien, werden Sie spüren, wie unnötig diese Sorge ist. Es ist ungefähr so, als würden Sie einen Rucksack mit Ziegelsteinen schleppen und fürchteten, dass der Griff zum Gurt, um den Rucksack abzuwerfen, eine zusätzliche Anstrengung sei.

ZUR TAT SCHREITEN

Denken Sie nicht zu lange darüber nach, was Sie alles »loslassen« können. Fangen Sie möglichst bald mit den ersten Schritten zum Ballastabwerfen an. Danach überlegen Sie dann, wie Sie weitermachen können.

Geben ist seliger als Sammeln

Wenn Sie sich von Unnützem befreien, ist das nicht nur keine Last, sondern vielmehr:

▶ eine Erleichterung: Sie fühlen sich freier, da die Dinge, die Sie haben, aber Ihnen nicht (mehr) nutzen, auch Raum in Ihrem Unterbewussten einnehmen.

▶ ein Genuss: Sie haben mehr Platz und mehr schöne Dinge um sich, an denen Sie Freude haben.

▶ eine Vereinfachung: Ihr Leben wird leichter, da Sie sich nicht mehr um Dinge kümmern müssen, die Sie nicht brauchen.

Ist ein Raum erst mal nicht mehr so voll gestopft, macht es viel mehr Spaß, ihn mit Muße schön zu gestalten.

▶ ein Zeitgewinn: Die Zeit, die Sie fürs »Ausmisten« brauchen, haben Sie schnell wieder gewonnen, da Sie Dinge schneller finden und sich schneller entscheiden können.

▶ eine Chance: Sie können den gewonnenen äußerlichen und innerlichen Raum für neue Wege nutzen.

▶ eine Herzensangelegenheit: Sie können mit dem, was für Sie unnötig ist, anderen etwas Gutes tun.

Wenn Sie einen Internetanschluss haben – nutzen Sie ihn, um alte Dinge loszuwerden. Sie können beispielsweise viele Sachen auf Internetbörsen Gewinn bringend versteigern.

Freude bereiten

So manches werden Sie einfach in die Mülltonne werfen können. Von einigen Dingen aber werden Sie sich vielleicht nur deshalb so schwer trennen können, weil es Ihnen widerstrebt, Dinge, die noch brauchbar sind (wenn auch nicht für Sie selbst), wegzuwerfen. Aufbewahren ist jedoch keine Alternative: Dinge, die Sie nicht brauchen, haben Sie sozusagen in Ihrer eigenen Wohnung entsorgt! Es geht auch sinnvoller. Hierzu einige Beispiele:

Altpapier Werfen Sie Ihre alten Zeitungen, Zeitschriften und Ähnliches nicht einfach in die Mülltonne, sondern geben Sie sie in die Altpapiersammlung.

Schuhe und Kleidung Es gibt leider viele Menschen, die sich nicht einmal neue Kleidung leisten können. Die Caritas und viele andere Stellen sind dankbar über Kleiderspenden. Manches gute Stück, das Ihnen selbst nicht mehr gefällt, erfreut vielleicht eine Freundin. Und nicht zuletzt können Sie in Secondhandshops oder auf dem Flohmarkt Ihre alten Stücke sogar zu Geld machen!

Elektrogeräte und Möbel Auch hier gibt es viele Menschen, die dankbar für ein Geschenk sind. Setzen Sie eine (kostenlose) Anzeige in eines der vielen Anzeigenblätter unter die Rubrik »Zu verschenken«.

Bücher Jede öffentliche Bibliothek freut sich über Bücherspenden! Aber auch Freunde oder Nachbarn von Ihnen, die gern lesen, sind dankbar für neuen Lesestoff.

Qualitäts-sicherung

Wenn Sie angefangen haben, sich von Dingen zu befreien, werden Sie merken, wie sich Ihre Lebensqualität verbessert. Kein Wunder: Der Prozentsatz nützlicher, sinnvoller und schöner Dinge um Sie herum ist nun beträchtlich gewachsen.

Am schnellsten können Sie das feststellen, wenn Sie einmal Ihre sicherlich beträchtliche Sammlung von alten Fotos durchschauen: Stellen Sie sich anschließend ein Fotoalbum mit Ihren schönsten Fotos zusammen, und nehmen Sie davon aber höchstens (!) jedes fünfte Bild. Ich wette, dass Sie dieses Album mit sehr viel mehr Stolz und Freude betrachten werden als Ihre alte Sammlung vieler schöner, mittelmäßiger und weniger gelungener Fotos zuvor!

NICHT VERGESSEN!
Sie müssen sich immer wieder klar machen, dass Sie es sich wert sein sollten, sich nur mit schönen Dingen zu umgeben. Keine Sorge: Den Bezug zur Realität werden Sie dabei nicht verlieren …

Haben beginnt mit Kaufen

Vereinfachen Sie Ihr Leben, indem Sie schon beim Kauf neuer Dinge darauf achten, was Sie wirklich brauchen. Aber keine Angst, ich möchte Ihnen nicht den Spaß am Luxus verderben – ganz im Gegenteil. Gerade dann, wenn Sie gern von schönen und wertvollen Dingen umgeben sind, ist es besonders wichtig, dass Sie sich das nicht selbst dadurch verderben, dass Sie unnützen Kram kaufen.

Viele Produkte sind verlockend. Und die Werbung lässt diese Dinge noch verlockender erscheinen. Das Problem dabei ist nur, dass man vieles davon zwar gern hätte, aber es nur langweilt und das Leben beschwert, wenn man es dann wirklich besitzt. Also denken Sie gut nach, bevor Sie Ihren Geldbeutel zücken.

Verlockungen widerstehen

Durch die folgende kleine Visualisierungsübung und die Beantwortung von drei einfachen Fragen wird es Ihnen in Zukunft um einiges leichter fallen, Verlockungen (nicht nur der Werbung) zu widerstehen, die Sie nur beschweren.

Wenn Sie glauben, etwas unbedingt haben zu müssen, schließen Sie kurz die Augen, und stellen Sie sich vor, Sie besäßen es bereits. Wären Sie dann glücklicher? Stellen Sie sich vor, Sie besitzen es bereits eine Woche, einen Monat, ein Jahr – haben Sie immer noch Freude daran? Dann fragen Sie sich:

Wir werden Tag für Tag von allen Seiten mit Werbung überschüttet: Plakate, Zeitungen, Fernsehen, Kino … Da immer widerstehen zu können, ist gar nicht so einfach.

- ▶ Bereichert es wirklich mein Leben?
- ▶ Habe ich es nur, oder tue ich etwas damit?
- ▶ Erreiche ich damit das, was ich will? Bringt es mich meinen Zielen näher? (Ein Beispiel: Sie würden gern mehr Eindruck auf andere machen – Hilft das neue Auto wirklich dabei? Oder beeindruckt es Ihre Mitmenschen vielleicht mehr, wenn Sie ein paar Goethe-Zitate drauf haben?)

In & out

Eine hervorragende Methode, Ihre Lebensqualität ständig in kleinen Schritten zu verbessern, ist die so genannte In&Out-Technik. Sie ist so einfach, wie sie wirkungsvoll ist:

Für alles, was Sie neu kaufen, befreien Sie sich von etwas Altem. Sie kaufen ein neues Kleid, das Ihnen wirklich gut gefällt? Prima. Aber befreien Sie sich dafür von einem Kleid, das Sie schon eine Weile nicht mehr getragen haben. Sie kaufen neue Weingläser? Raus mit alten. Ein neuer Fernseher muss her? Verschenken Sie den alten, und belasten Sie nicht Ihren Keller damit!

Wenn Sie von nun an bei jedem Neukauf auf Qualität achten und die In&Out-Technik beherzigen, werden Sie nach einem Jahr bereits viel schöner leben als jetzt!

Seelen-Räume

Betrachten Sie doch einmal Ihre Wohnräume als Teile Ihres Selbst. Ein paar Beispiele:

- der Eingang – Ihre Begegnungen mit anderen Menschen
- das Wohnzimmer – Ihre Gefühle
- das Arbeitszimmer – Ihre Gedanken
- das Badezimmer – Ihre individuelle Mitte
- die Küche – Ihr Bauch
- der Keller – Ihr Unterbewusstsein

Spielen Sie mit dieser Idee! Sie werden dabei nicht nur interessante Einsichten in sich selbst gewinnen, sondern es wird Ihnen viel mehr Spaß machen, das Wesentliche wahrzunehmen und Ihre Lebensräume schön zu gestalten.

»Ordnung ist ein Durcheinander, an das man sich gewöhnt hat.« Robert Lembke

Ordnung **ohne** Zwang

»Ordnung« ist für manche Leute, wie zum Beispiel für mich, eher ein Reizwort. Ich habe aber erfahren, dass es sehr darauf ankommt, wie man Ordnung auffasst. Solange Ordnung etwas Starres und ein Zwang ist, ist sie nicht lebendig. Aber Ordnung kann auch ganz anders sein: eine Vereinfachung und Erleichterung des Lebens – ganz ohne Zwang.

Die unsichtbare Ordnung ist wichtig

Es ist beispielsweise (für die Vereinfachung des Lebens) nicht so wichtig, dass alle Schreibgeräte exakt gerade ausgerichtet sind, dass die Bücher im Regal nach Größe geordnet sind, dass die Toilettenartikel im

Bad wie Soldaten in Formation stehen. Aber es ist schon viel leichter, wenn die Stifte alle in einem Behälter, wenn die Bücher nicht gestapelt, sondern nebeneinander, wenn die Rasierklingen nicht irgendwo hinter dem seit einem Jahr nicht mehr gebrauchten Cremetopf stehen.

Die Dinge sind da. Warum ihnen nicht einen festen Platz geben? Dass etwas ordentlich aussieht, ist vielleicht ästhetisch wünschenswert. Für Ihre Lebensqualität ist jedoch die unsichtbare Ordnung wichtig: Dass Sie sofort und ohne Mühe finden, was Sie gerade brauchen.

Überlegen Sie sich einmal, was Sie alles mit einer Stunde mehr Zeit unternehmen können: zum Beispiel gemütlich ein Buch lesen, ein wohliges, duftendes Bad nehmen, einen langen Spaziergang an der frischen Luft machen und und und. Wäre das nicht schön?

Der 25-Stunden-Tag

Der Tag hat natürlich, auch wenn Sie alle Strategien und Tipps in diesem Buch umsetzen, weiterhin 24 Stunden. Das heißt auf der Uhr. Doch wenn Sie sich von Unnötigem befreien und dem Rest seinen Platz geben, gewinnen Sie jeden Tag bis zu einer Stunde mehr Lebenszeit – Zeit, in der Sie nicht herumkramen, sich nicht ärgern, weil Sie etwas nicht finden, in der Sie lästige Aufgaben schneller erledigen und mehr Zeit zum Genießen haben! Und so hat der Tag nun für Sie quasi 25 Stunden.

Sieben Tipps für dauerhafte Ordnung

1. Allen Dingen ihren Platz geben.
2. Offenes wieder schließen, Heruntergefallenes wieder aufheben, Herausgenommenes wieder zurücktun.
3. Verbrauchtes (Seife, Lebensmittel usw.) sofort auf die Einkaufsliste schreiben.
4. Reparaturbedürftiges innerhalb von sieben Tagen reparieren oder zur Reparatur bringen.
5. Nichts stapeln.
6. Nichts doppelt haben.
7. Unnötiges (... so vieles!) sofort wegwerfen oder verschenken.

Geld soll **nicht** belasten

Sie empfinden Geld nicht als Last? Gut. Hier geht es auch nicht darum, dass Sie sich von Geld befreien, sondern ausnahmsweise einmal ganz im Gegenteil: Ich will Ihnen zeigen, wie Sie Ihr Geld (ohne Arbeit) vermehren, indem Sie sich von unnötigen Belastungen befreien.

- ▶ Befreien Sie sich von Ausgaben, die Ihnen nichts einbringen.
- ▶ Befreien Sie sich von Schulden, die Ihnen auf der Seele lasten.
- ▶ Befreien Sie sich von Einstellungen, die Sie Geld kosten.

»Wenn ein Mensch behauptet, mit Geld ließe sich alles erreichen, kann man sicher sein, dass er nie welches gehabt hat.« Aristoteles Onassis

Die kleinen Geldfresser aufspüren

Der erste, wirklich einfache Schritt, Ihr verfügbares Einkommen zu erhöhen, besteht – wieder einmal – darin, dass Sie das Bestehende durchforsten. Nehmen Sie einmal Ihre Kontoauszüge des letzten Jahres zur Hand, und gehen Sie sie genau durch.

- ▶ Schreiben Sie alle wiederkehrenden Zahlungen auf.
- ▶ Markieren Sie regelmäßige Ausgaben, die vermeidbar sind (regelmäßige Spenden, Mitgliedsbeiträge bei Vereinen, Clubbeiträge usw.).
- ▶ Schreiben Sie jetzt sofort Kündigungen – auch wenn beispielsweise eine Vereinsmitgliedschaft eine Kündigungsfrist hat.

Möglicherweise werden bei dieser einfachen Methode bereits eine Menge Belastungen wegfallen.

Achtung!

Es geht nicht darum, dass Sie Ihre Lebensfreude reduzieren! Wenn Sie tatsächlich jeden zweiten Tag ins Fitnessstudio gehen, ist der Mitgliedsbeitrag unvermeidlich. Nehmen Sie es sich jedoch nur vor, tauchen dort aber nur ein paar Mal im Monat auf: Kündigen Sie!

Gegebenenfalls nach Alternativen suchen

Vielleicht helfen Ihnen regelmäßiges Walking und ein paar gymnastische Übungen, die Sie zu Hause durchführen können, besser dabei, Ihre Fitnessziele zu erreichen.

Auch regelmäßige Spenden müssen Sie nicht einfach ersatzlos streichen – schließlich gibt Ihnen das vermutlich ein gutes Gefühl. Doch wie viel besser ist das Gefühl, wenn nicht einfach jeden Monat Geld abgebucht wird, sondern wenn Sie einmal im Jahr ganz bewusst eine großzügige Spende machen! Geld- oder Sachspende ist dabei ganz unerheblich.

»Geld zu haben ist schön, solange man nicht die Freude an Dingen verloren hat, die man mit Geld nicht kaufen kann.« Salvador Dalí

Geld-Energie

Dinge, für die Sie Geld ausgeben, sind verwirklichte Möglichkeiten. Geld, das Sie haben, ist Energie, die viele Möglichkeiten in sich trägt. Überlegen Sie gut, wie Sie diese Energie nutzen!
Wenn Sie Ihre »Geld-Energie« in Projekte stecken, die wieder Energie erzeugen, ist das am sinnvollsten. Beispielsweise:

- ▶ Wohneigentum: Sie sparen Miete und kommen in den Genuss der Wertsteigerung – und in den eigenen vier Wänden zu wohnen, macht einfach mehr Spaß und befreit von dem Gefühl der Abhängigkeit.
- ▶ Aus- und Weiterbildung: Sie investieren in sich selbst – mit das Sinnvollste, was Sie tun können!
- ▶ Tilgen von Schulden: Schulden, die bezahlt sind, befreien Sie nicht nur von seelischen Belastungen, sondern auch von den Zinsen.
- ▶ Eigene Projekte: Sie träumen schon lange davon, sich selbstständig zu machen? Hier ist Ihr Geld sinnvoll investiert – denn auch wenn Risiken bestehen, eröffnen sich auch Möglichkeiten. Sachen, die Sie kaufen, können das nicht leisten! Weniger Dinge sind mehr Energie für Ihre Zukunft!

Kredit-würdig?

Mittlerweile ist jeder dritte Bundesbürger verschuldet. Und Schulden sind immer eine Last – vor allem vermeidbare Schulden. Manche Schulden sind natürlich sinnvoll: Wenn Sie eine Wohnung oder ein Haus kaufen, wäre es nicht sehr schlau, so lange zu warten, bis Sie genug Geld auf dem Sparbuch oder gar Girokonto haben, um es auf einmal zahlen zu können. Bei den meisten anderen Dingen, die man kaufen möchte, sieht es aber anders aus.

Anschaffung »auf Pump« gut überdenken

Vieles, ja fast alles, was Sie kaufen, verliert mit der Zeit an Wert – und bringt Ihnen in dieser Zeit auch nichts ein. Beispielsweise ein neues Auto: Schon am Tag, an dem Sie es kaufen, ist es weniger wert.

Solche Ausgaben sind also an sich schon eine Dauerbelastung für Ihr Vermögen – und damit auch für Ihre Handlungsfreiheit. Wenn Sie einen Kredit für solche Dinge aufnehmen, ist der Verlust und die kontinuierliche Belastung noch größer.

»Manche Menschen geben Geld aus, das sie nicht haben, für Dinge, die sie nicht brauchen, um damit Leuten zu imponieren, die sie nicht mögen.« Danny Kaye

Machen Sie sich Ihre Ausgaben bewusst

Eine Möglichkeit, seine Ausgaben zu reduzieren, ist so einfach, dass Sie vielleicht gar nicht glauben werden, dass es funktioniert: Schreiben Sie alle Ihre Ausgaben auf. Nicht nur größere Anschaffungen, sondern wirklich alles! Sie werden staunen, wie das Bewusstsein darüber, welche Dinge Sie kaufen, verändert, was Sie kaufen.

Das Extrasparkonto

Wenden Sie nun noch einen zusätzlichen Trick an: Schreiben Sie auf, was Sie gekauft hätten, aber nun doch nicht gekauft haben. Legen Sie das Geld, das Sie so gespart haben, auf ein Extrakonto – so können Sie in harten Zahlen feststellen, wie Ihr Kauf-Bewusstsein Ihnen bares Geld einbringt.

Vorsicht, Falle: Lassen Sie sich nicht von marktschreierischer Werbung oder sagenhaften Sonderangeboten zu Einkäufen hinreißen, die Sie später dann doch wieder bereuen.

Geiz ist manchmal geil

Etwas, was man benötigt, preisgünstig zu erwerben, ist gut. Aber ein angebliches Schnäppchen zu ergattern, nur um des Kaufes Willen, ist im Endeffekt teuer und macht keinen Sinn.

Richtiger Geiz ist natürlich überhaupt nicht geil, sondern krankhaft. Ein Geizhals ist jemand, der Geld um des Geldes willen hat und dem Geld über alles geht. Auch wenn Geld Energie ist: Wenn diese Energie nicht »arbeitet«, ist sie nur eine weitere Last.

In der Werbung wird das Wort »Geiz« aber ganz anders gebraucht. »Geiz ist geil!« bedeutet: Warum teuer kaufen, wenn's auch billig geht? Natürlich bezweckt die Werbung nicht im Geringsten, dass Sie geizig werden. Ganz im Gegenteil. Die »Schnäppchen« sollen Sie dazu verführen, sich mit Dingen zu belasten, die Sie gar nicht brauchen. Tappen Sie nicht in diese Falle! Etwas Überflüssiges nicht zu kaufen ist allemal deutlich billiger.

Preisbewusstsein kontra Schnäppchenjagd

Eins aber stimmt: Wenn Sie preisbewusst kaufen, erhöhen Sie Ihre Möglichkeiten. Machen Sie es, wie oben beschrieben: Wenn Sie sich (bewusst – nicht nur weil es billig ist!) dafür entschieden haben, etwas zu kaufen, sehen Sie sich um, wie hoch der übliche Preis ist. Schreiben Sie auf, was Sie gespart haben, und legen Sie die Differenz auf ein Extrakonto. Sie können zusehen, wie Ihre »Geld-Energie« und Ihre finanzielle Unabhängigkeit steigen.

Das Gesetz der dreifachen Wiederkehr

Ich möchte Ihnen dringend empfehlen, sich ab und zu tatsächlich von Geld zu trennen. Suchen Sie sich eine Stelle oder Hilfsorganisation, bei der Sie sicher sind, dass Ihr Geld etwas Sinnvolles bewirkt. Hier einige Beispiele:

▶ Ärzte ohne Grenzen: Die 1971 gegründete Organisation wurde 1999 mit dem Friedensnobelpreis ausgezeichnet. Sie setzt sich für die medizinische Grundversorgung der Ärmsten ein.

▶ Terre des hommes: Das Kinderhilfswerk »terre des hommes« engagiert sich dafür, Kinder von materieller wie seelischer Not zu befreien und zudem die Unterdrückung und Ausbeutung hilfloser Kinder zu verhindern.

▶ Greenpeace: Die durch ihre spektakulären Aktionen bekannte Organisation setzt sich erfolgreich für Umweltschutz ein.

▶ Aktion Mensch: Die »Aktion Mensch« ist eine Hilfsaktion für körperlich und geistig Schwerstbehinderte in Deutschland.

▶ Obdachlosenprojekte: In jeder größeren Stadt gibt es Organisationen, die Obdachlosen helfen. Adressen und Ansprechpartner erfahren Sie im Rathaus oder in einer Obdachlosenzeitung.

Nicht nur, dass bewusst Geld zu spenden, eine gute Übung ist, die auf Ihre Seele befreiend wirkt – es gilt auch das so genannte Gesetz der dreifachen Wiederkehr. Es besagt, dass alles Gute, was Sie mit aufrichtigem Herzen tun, dreifach zu Ihnen zurückkehrt. Das klingt ein wenig esoterisch. Aber es funktioniert!

Für die Menschenrechte

Auch amnesty international ist ein großes Projekt, das sicherlich unterstützungswürdig ist. Amnesty international setzt sich weltweit für die Einhaltung der Menschenrechte und -würde ein.

Dem **Gedankengefängnis** entfliehen

- *Raus aus der Sorgenfalle!*
- *Den Angsthasen bei den Ohren packen*
- *Hinderliche Einstellungen besiegen*
- *Special: Glücklicher sein als Dagobert Duck*
- *Hemmungslos glücklich sein*
- *Negative Energie in positive wandeln*
- *Vom Wert über den Traum zum Ziel*

Es gibt so vieles, um das man sich sorgt, über das man sich ärgert. Und so vieles, das man nicht ändern kann … Wirklich? Haben Ihnen Sorgen und Ärger je Vorteile oder Freude gebracht? Es ist recht einfach, negativen Gedanken und Gefühlen zu entkommen! Der Gewinn: positives Lebensgefühl, mehr Freiheit und Freude. Sie sind es wert!

Raus aus der **Sorgenfalle!**

Sorgen um die Zukunft, Sorgen um das Behalten der Arbeitsstelle, Sorgen um geliebte Menschen, Sorgen, dass man krank werden oder einsam sein könnte, die Sorge, dass man von anderen Menschen zurückgewiesen werden könnte ... Sorgen zu haben, kann zum Fulltime-Job werden.

»Dass die Vögel der Sorge und des Kummers über deinem Haupte fliegen, kannst du nicht ändern. Aber dass sie Nester in deinem Haar bauen, das kannst du verhindern.« Chinesisches Sprichwort

Der professionelle Sich-Sorgen-Macher wird natürlich sofort verlauten lassen: »Ja schon – aber die Sorge um meinen Arbeitsplatz ist doch ganz und gar real! Soll ich denn einfach Scheuklappen aufsetzen und so tun, als ob alles wunderbar wäre?« Die Idee, Scheuklappen aufzusetzen, ist sicher nicht so toll; aber alles als wunderbar anzusehen ist schon um einiges besser.

Die Kernfrage stellen

Der erste Schritt heraus aus der Sorgenfalle ist eine ganz einfache Frage, die man sich stellen sollte: »Erreiche ich mit dem, was ich tue, das, was ich erreichen will?« Insbesondere für Menschen, die sich viel Sorgen machen, weil sie für die (ja ach so ungewisse) Zukunft gewappnet sein wollen, ist das die Kernfrage.

Wird irgendetwas durch Sorgen besser? Die aufrichtige Antwort lautet: »Nein, nie!«

Wird etwas durch Sorgen schlechter? Allerdings! Zunächst einmal verschlechtern sie die Gegenwart. Da aber die Gegenwart die Vergangenheit von morgen ist, verschlechtern sie auch die Vergangenheit. Und Sorgen führen auch nicht dazu, dass die Zukunft besser wird – die negativen Gedanken führen in aller Regel zu negativen Ergebnissen. Lassen Sie Ihre Sorgen los!

Zukunft – nur eine Vision?

Die Zukunft ist noch nicht da. Das bedeutet aber auch, dass alles, was Sie sich für die Zukunft vorstellen, einzig und allein in Ihrem Kopf stattfinden kann. Sie selbst malen sich Ihre Zukunft aus. Natürlich wird die Zukunft dann einmal anders aussehen, als Sie sich es gedacht haben. Ob sie besser oder schlechter sein wird, wissen Sie jetzt allerdings noch nicht.

Wären wir Hellseher, wüssten wir, wie unsere Zukunft aussieht. Manchmal wäre es sicher wünschenswert, zu wissen, was auf einen zukommt. Aber meistens ist es doch viel besser, sich überraschen zu lassen.

Die Kraft der Inneren Bilder

Sie haben einen gewissen Einfluss darauf, wohin die Reise geht. Und dieser Einfluss wird nicht in erster Linie durch Ihre rationalen Gedanken ausgeübt, sondern durch das, was Sie sich ein-Bild-en. Innere Bilder haben eine unglaubliche Kraft.

Auch wenn Sie ein sehr logisch denkender Mensch sind – Ihrem Unterbewusstsein ist Logik piepegal. Ihr Unterbewusstsein sieht sich die Bilder an, die Sie ihm vorsetzen. Und diese Bilder versucht es dann zu verwirklichen.

Schöne Bilder malen

- Malen Sie sich jeden Abend, bevor Sie einschlafen, ein schönes Bild von Ihrer Zukunft. Es hilft schon, wenn Sie sich ins Schlaraffenland träumen. Noch besser aber ist es, wenn Sie nicht in Ihre Zukunft springen, sondern sich dorthin bewegen.
- Malen Sie sich aus, wie Sie aktiv Ihre Zukunft gestalten und wie sich Ihr Leben dadurch immer mehr zum Besseren wendet.

Wichtig
Realitätssinn ist dabei nicht überragend wichtig. Wichtig ist, dass Sie in Ihrem »Zukunftsfilm« selbst aktiv vorkommen. Ihr Unterbewusstes wird versuchen, die Bilder, die Sie anbieten, wahr zu machen.

Den **Angsthasen** bei den Ohren packen

Angst scheint mitunter sogar angenehm zu sein. Was sonst könnte Menschen dazu veranlassen, sich mit einem Fallschirm aus dem Flugzeug, mit einem Bungee-Seil von einer Brücke oder mit der Achterbahn in die Tiefe zu stürzen? Aber eigentlich ist es nicht die Angst, die Spaß macht, sondern das tolle Gefühl, seine Angst überwunden zu haben.

»Wo die Angst im Leibe steckt, da ist auch Gefahr allenthalben.« Jeremias Gotthelf

Seine Ängste loszulassen, ist ein unglaublich befreiendes Gefühl. Ja, eigentlich sogar das ultimativ befreiende Gefühl. Denn wenn wir unsere Ängste loslassen – was behindert uns dann überhaupt noch? Allerdings: »Lassen Sie Ihre Ängste los!«, ist erst einmal leichter gesagt als getan. Andererseits ist es leichter getan als gedacht …

Spannungen loslassen

Angst ist auf körperlicher Ebene Anspannung. Tatsächlich ist es nicht möglich, völlig entspannt zu sein und gleichzeitig Angst zu haben. Das A und O der Befreiung von der Angst ist also Entspannung – und zwar in dem Moment, wo die Angst auftaucht.

Wenn Sie Ihre Ängste loslassen wollen, sollten Sie sich daher in Entspannung üben. Natürlich nicht erst dann, wenn gerade die Angst auftritt – Entspannung richtig üben können Sie nur in vollkommen angstfreien Situationen. Haben Sie aber erst einmal gelernt, wie Sie sich blitzschnell entspannen, können Sie Ihren Ängsten eine lange Nase zeigen.

Körper und Geist entspannen

Es gibt ein paar Methoden, die besonders effektiv die körperliche und seelische Entspannung fördern, dazu zählen beispielsweise:

- Taiji oder Tai Chi (chinesisches »Schattenboxen«)
- Yoga
- autogenes Training
- Meditation

Entspannung lernen

Wer das Entspannen von Grund auf lernen möchte, ist gut beraten, wenn er einen entsprechenden Kurs in einem Institut (für Yoga etc.), an der Volkshochschule oder in einem Gesundheitszentrum belegt.

Schnell entspannen

Die schnellste Möglichkeit, körperliche Entspannung zu üben, ist jedoch ganz einfach:

- Spannen Sie nacheinander Ihre Muskeln an, und lassen Sie dann wieder locker.
- Gehen Sie in dieser Reihenfolge vor: zuerst die Füße, dann die Beine, das Gesäß, der Bauch, der Rücken, die Schultern, die Arme, die Hände, der Nacken und zum Abschluss das Gesicht.
- Dadurch lernen Sie, den Unterschied zwischen Spannung und Entspannung besser zu spüren – und Sie können im Lauf der Zeit immer schneller relaxen.

Ganz wichtig: Beim Lockerlassen immer gaaanz tief ausatmen – das erleichtert die Entspannung. Mit dem Atem lassen Sie alle Anspannungen los.

Der Bauchmuskel-Trick

Bei Ängsten ist eine Blitzentspannung besonders wichtig. Da haben Sie oft keine Zeit, lange Vorbereitungen zu treffen. Nun gibt es ein erstaunliches Phänomen: Es ist ziemlich schwierig, Angst-Verspannungen zu halten, wenn der Bauch entspannt ist.

- Also: Konzentrieren Sie sich auf Ihren Bauch. Atmen Sie 3-mal tief ein und aus. Bei jedem Ausatmen versuchen Sie, die Bauchmuskeln ganz locker werden zu lassen.
- Hoppla – plötzlich hat auch die Angst nachgelassen …

Die Angst auslachen

Angst ist erst einmal ein Gefühl. Und zwar ein ganz natürliches. Angst ist auch ein Wegweiser – der uns vor Gefahren bewahrt. Doch eine Begegnung mit anderen Menschen, eine Spinne, ein Nachtfalter, auf dem Tisch tanzen: All das stellt keine reale Bedrohung dar. Die Angst vor solchen Dingen wird durch Gedanken verursacht, die dann erst die unangenehmen Gefühle hervorrufen.

Spiegelübung

▶ Unterdrücken Sie die Gedanken, die Ihre Angst verursachen, nicht, sondern nehmen Sie sie ganz bewusst wahr.

▶ Stellen Sie sich vor den Spiegel, und lassen Sie die Angst in Ihnen sagen: »Ich habe Angst vor …«

▶ Sehen Sie sich dabei an, und hören Sie sich zu. Spätestens beim dritten Mal wird Ihnen die Sache komisch vorkommen. Lassen Sie dieses Gefühl der Belustigung in sich hochkommen. Lachen Sie! Lachen Sie Ihre Angst aus. Nicht boshaft, sondern mitfühlend. Lachen Sie mit Ihrer Angst – und dann lassen Sie sie einfach los …

DIE ANGST ENTSCHÄRFEN

Es geht hier nicht darum, das Angsthaben lächerlich zu machen, sondern darum, den Angstgefühlen auf den Grund zu gehen und ihnen die Spitze zu nehmen.

Gedanken-Stopp

Kennen Sie das: Sie liegen abends im Bett und grübeln. Negative Gedanken erscheinen. Vielleicht Ängste, vielleicht Sorgen, vielleicht Rachegedanken, vielleicht Eifersucht. Lernen Sie, »Stopp!« zu sagen. Wie einfach das klingt. Aber die Verhaltenstherapie hat gezeigt, dass der Gedanken-Stopp ein effektives Mittel ist, Gedanken, die immer im Kreis laufen, zu durchbrechen und sie schließlich loszulassen.

Ihr bester Verbündeter im Kampf gegen Angstgefühle: Ihr eigenes Lachen.

Natürlich tauchen die negativen Gedanken nach dem Gedanken-Stopp erst einmal wieder auf. Bleiben Sie dran. Irgendwann wird es dem Negativdenker in Ihnen zu dumm, und er gibt auf!

Jetzt erst recht!

Bei bestimmten Ängsten ist die beste Hilfe, es dennoch zu tun. Wichtig sind dabei Entspannungsübungen und der Wille durchzuhalten. Es ist nämlich eine gut erforschte Tatsache, dass Panikanfälle nie länger als 10 bis 30 Minuten dauern. Wenn Sie sich der Angst auslösenden Situation mehrmals bewusst aussetzen und sie durchstehen, wird die Angst jedesmal etwas geringer. Sie bringen Ihrem Körper bei, dass er nicht mit dem Angstprogramm reagieren muss.

Ein großes Problem für Menschen mit Angst- und Panikzuständen ist das Phänomen der Angst vor der Angst. Sie kann sich so weit steigern, dass der alleinige Gedanke an den Angstzustand bereits eine neue Attacke auslöst. In solchen Fällen ist unbedingt psychotherapeutische Hilfe angeraten.

Ein berühmter Angstbezwinger

Lange bevor sie »erfunden« wurde, heilte Johann Wolfgang von Goethe (1749–1832) seine Höhenangst mit der oben erwähnten Konfrontationstherapie. Er zwang sich, »den höchsten Gipfel des Münsterturms« zu besteigen: »Dergleichen Angst und Qual wiederholte ich so oft, bis der Eindruck mir ganz gleichgültig ward.«

Computer gegen die Angst vorm Fliegen

Eine geniale Methode, die Vorteile der Konfrontationstherapie bei Flugangst zu nutzen, ohne ihre Nachteile in Kauf nehmen zu müssen, bieten spezielle Computerprogramme.

▶ Dort wird die gesamte Flugsituation – vom Einchecken am Flughafen über den Start und verschiedene bedrohlich erscheinende Situationen (Gewitter, Luftlöcher, Turbulenzen) bis zur Landung – realitätsnah geübt. Gleichzeitige Entspannungstechniken verringern die Angst.

▶ Die Vorteile dieser Methode: weniger Zeitaufwand und Kosten, der Abbruch ist jederzeit möglich, die Vertraulichkeit bleibt gewahrt, da die »virtuell reale Expositionstherapie (VRET)« in der Arztpraxis durchgeführt wird. Und sie hat einen größeren Erfolg als eine Konfrontationstherapie in der Realität.

Hinderliche Einstellungen **besiegen**

Natürlich kann man nicht über alle negativen Dinge in seiner Umgebung hinwegsehen. Man sollte sich aber immer wieder ganz besonders die positiven Dinge vor Augen führen und sich daran erfreuen.

Sie kennen sicherlich das Sprichwort »Der Glaube kann Berge versetzen.« Stimmt. Nur muss man noch hinzufügen: »... auch vor die eigene Nase!« Das bedeutet: Das, was Sie glauben, kann Sie beflügeln, aber es kann Sie auch so tief hinunterziehen, dass Sie gar nicht mehr vorankommen.

An sich selbst glauben

Am wichtigsten sind dabei die Dinge, die Sie über sich selbst glauben. Wenn Sie denken »Ich bin erfolgreich – und ich schaffe auch diese Herausforderung!«, werden Sie weit eher (und auch erheblich müheloser!) zum Ziel kommen als mit der Einstellung: »Ich bin ein Versager – und das wird sich jetzt auch wieder zeigen.«

Was für Ihre Einstellungen über sich selbst gilt, gilt natürlich auch für Ihre Einstellung anderen Menschen gegenüber. Und es gilt auch für Ihre Sicht der Welt. Wenn Sie die Welt mit »positiven Augen« betrachten, ist sie einfach schöner.

ABC – erste Hilfe bei hinderlichen Einstellungen

ABC steht in diesem Fall für »Auditive Belief Change«, übersetzt bedeutet das in etwa »Einstellungsveränderung über das Gehör«. Das klingt kompliziert, ist aber eigentlich ein sehr einfaches Verfahren – und darüber hinaus auch ziemlich lustig. Probieren Sie diese Übung doch einfach einmal aus!

Suchen Sie sich einen Ort (zum Beispiel einen ruhigen Raum), an dem Sie völlig ungestört sind. Telefon, Fernseher, Radio und andere Störfaktoren sollten natürlich abgestellt sein.

Wählen Sie einen Satz aus, den Sie sich selbst häufig in Gedanken sagen hören und der für Sie hinderlich ist, beispielsweise: »Ich bin unattraktiv«, »Ich werde es nicht schaffen«, »Ich bin ein Versager«, »Ich werde dieses Ziel garantiert nicht erreichen« oder ähnlichen Nonsens.

Sprechen Sie den Satz 3-mal mit ganz normaler Stimme, und achten Sie dabei auf Ihre Gefühle.

Jetzt geht's los Sprechen Sie den Satz jeweils 5-mal:

- ▶ schnell, mit etwas höherer Stimme
- ▶ langsam, mit tieferer Stimme
- ▶ noch langsamer und noch tiefer
- ▶ so schnell und so hoch wie Sie können (mit einer piepsigen »Mickymaus-Stimme«)

Erholen Sie sich vom Lachen, und sagen Sie den Satz noch einmal ganz normal. Sie werden feststellen, dass Sie keine negativen Gefühle mehr damit verbinden. Sie (und Ihr Unterbewusstsein!) können diesen Satz einfach nicht mehr ernst nehmen!

Wenn Sie die ABC-Übung mehrmals ausgeführt haben, werden Sie spüren, wie sich auf einmal wieder positive Gedanken und Gefühle in Ihnen ausbreiten.

Auch mal fünf gerade sein lassen

Von was auch immer Sie sich befreien wollen. Eines ist ganz besonders wichtig und vorrangig: Befreien Sie sich möglichst schnell von dem Laster der Perfektion. Es klingt ja erst einmal sehr positiv, wenn jemand etwas perfekt macht. Wenn Sie mit dem Herzen bei einer bestimmten Sache sind, entsteht die Perfektion allerdings ganz nebenbei. Bestens!

»Wer Erfolg haben will, darf keine Angst haben, Fehler zu machen.« Frank Tyger

Anders sieht die Sache bei Menschen aus, die unter einem Zwang stehen, perfekt zu sein. Wenn geputzt wird, dann darf kein Stäubchen mehr hinter dem Wandschrank sein Unwesen treiben. Wenn sie kochen, wird jede Zutat aufs Milligramm abgewogen und das Gericht muss hinterher aussehen wie in einem Drei-Sterne-Lokal. Wenn sie eine Sportart ausüben, zum Beispiel Tennisspielen oder Volleyballspielen, werden zuerst alle Ausrüstungsgegenstände angeschafft (und nur vom Besten!) und dann andauernd geübt, Trainerstunden genommen und an allen möglichen Wettkämpfen teilgenommen. Auch einfach ein bisschen Herumklimpern auf dem Klavier ist nicht akzeptabel – es muss sich schon so anhören, als wenn man im Konzertsaal vor großem Publikum auftreten würde. Beispiele hierfür gibt es genügend – allerdings sollten sie nicht gerade Vorbild sein.

Niemand muss vollkommen sein

Lassen Sie die Perfektion los! Das ist einfach gesagt. Aber jemand, der unter Perfektionismus leidet, würde sagen: »Dann fühle ich mich aber nicht mehr wohl.« Doch man kann lernen, nicht vollkommen zu sein – indem man begreift, dass man das ohnehin ist und immer bleiben wird. Vollkommenheit ist ein Hirngespinst.

Sie können alles entspannter, besser, leichter und perfekter (!), wenn Sie sich nicht von einem fehlgeleiteten Perfektionsdrang zwingen lassen. Aber: Versuchen Sie jetzt nicht, sich »vollkommen« davon zu befreien …

Glücklicher sein als **Dagobert Duck**

Über die Hälfte aller Menschen antwortet auf die Frage: »Was ist wichtig für Ihr Glück?«, als Erstes mit »Geld«. Damit bürden sie sich eine gewaltige Last auf: Wenn der ersehnte Geldsegen nicht kommt, gestatten sie es sich nicht, glücklich zu sein. Wenn sie dann tatsächlich irgendwie zu Geld kommen, sind sie – wen wundert's – aber immer noch nicht glücklich, ganz wie Dagobert Duck, der unglücklich und voller Geldsorgen inmitten seiner Dukatenberge sitzt.

Eine Lottomillion zu gewinnen, davon hat sicherlich schon jeder geträumt. Aber haben Sie sich dann auch überlegt, was ein solcher Gewinn wirklich für Sie und Ihr Leben bedeuten würde?

Ihre Visionen kreisen um Lottogewinne, Erbschaften – also vor allem um Dinge, die sie nicht aktiv handeln, sondern passiv abwarten lassen. Geld macht nicht glücklich, aber es erweitert den Spielraum Ihrer Möglichkeiten – aber nur dann, wenn Sie etwas mit dem Geld aktiv tun und es weder horten noch dem Kaufrausch verfallen!

Lottogewinn!

Stellen Sie sich vor, Sie hätten im Lotto gewonnen. Was würden Sie tun? Vergessen Sie das Kaufen. Was würden Sie tun? Wie würde es Ihr Leben verändern? Wie würden Sie sich verändern? Was von all dem können Sie auch jetzt schon tun? Tun Sie's – und befreien Sie sich von dem Gedanken, dass nur ein Lottogewinn Sie glücklicher machen wird.

Geld-Blockaden erkennen

Viele Menschen machen es sich selbst schwer, ihre Möglichkeiten zu erweitern. Sie haben das Gefühl, zu wenig zu haben, hätten gern mehr, aber sie haben Einstellungen, die es ihnen schwer machen, mehr zu bekommen. Gerade Menschen mit »edlen Zielen« fällt es in der Regel besonders schwer, dem Geld gegenüber eine unbeschwerte Einstellung zu finden. Ihre Ansichten übers liebe Geld lauten meist:

- »Geld ist schmutzig.«
- »Geld verdirbt den Charakter.«

- »Viel Geld bekommt man nur durch unlautere Mittel.«
- »Mit Geldangelegenheiten möchte ich nichts zu tun haben.«

Mit solchen Einstellungen machen Sie es Ihrem Unterbewusstsein schwer, Ihnen mehr »Geld-Energie« zu verschaffen. Und wenn Sie noch so bescheiden sind: Wenn Sie negative Einstellungen gegenüber Geld ablegen können, befreien Sie sich immerhin von Vorurteilen. Und bereits das wird Ihnen mehr Geld-Energie bringen – um es zu spenden, sinnvolle und kreative Projekte zu verwirklichen oder sich mehr Freizeit zu verschaffen.

Geld-Blockaden beseitigen

Der erste Schritt ist, dass Sie sich klar machen, dass Geld völlig neutrale Energie ist. Energie, die Sie nahezu überall einsetzen können. Das ist nicht das Gleiche wie »Mit Geld kann man alles kaufen!« Natürlich kann man beispielsweise Liebe nicht kaufen – doch man kann einem geliebten Menschen öfter eine Freude bereiten, sich mehr Zeit für ihn nehmen, kann sich befreiter fühlen und dadurch besser auf den anderen eingehen.

Wenn Sie nun Ihren Vorstellungen einen neuen Rahmen gegeben haben, werden Sie sicherlich bald feststellen, dass die Gedanken ans Geld keine negative Kraft mehr über Sie haben – und Sie weitaus glücklicher sind als Dagobert Duck.

Ein neuer Rahmen

Der Rahmen eines Bildes macht einen großen Teil seiner Wirkung aus. Einen neuen Rahmen können Sie aber nicht nur einem Bild geben, sondern auch Ihren Vorstellungen. Beim Thema »Geld« könnte das beispielsweise so aussehen. Ersetzen Sie:

- »Geld ist schmutzig« durch »Unter dem Schmutz des Geldes steckt reine Energie«
- »Geld verdirbt den Charakter« durch »Geld kann den Charakter eines guten Menschen noch verbessern«
- »Viel Geld bekommt man nur durch unlautere Mittel« durch »Geld kommt, wenn du etwas mit ganzem Herzen tust«
- »Mit Geldangelegenheiten möchte ich nichts zu tun haben« durch »Geld hat keine Macht über mich, aber ich über die Energie, die es mit sich bringt«

Hemmungslos glücklich sein

Die Welt – insbesondere die Gedankenwelt – ist voller »wenn« und »aber«. Soll man einen wildfremden Menschen ansprechen, der einem sympathisch ist? Aber wenn er einen zurückweist? Soll man eine eigene Firma gründen? Aber wenn das Ganze schief geht? Soll man unnütze Dinge einfach wegwerfen? Aber wenn man sie irgendwann doch noch einmal brauchen kann?

David Lloyd George
»Habe keine Angst, einen großen Schritt zu tun. Man kann einen Abgrund nicht mit zwei kleinen Sprüngen überqueren.«

Den »Inneren Kritiker« austricksen

Eigentlich ist egal, was Sie vorhaben. Es lässt sich immer ein Aber finden. Ihr Innerer Kritiker ist stets hellwach. Sie können ihn aber ganz einfach austricksen. Stellen Sie auf jede Frage »Wenn aber?« die Gegenfrage: »Wenn nicht?« Wenn Sie einen netten Menschen nicht ansprechen, lernen Sie ihn nicht kennen. Wenn Sie keine eigene Firma gründen, bleiben Sie abhängig. Wenn Sie etwas nicht wegwerfen, tragen Sie die Last. Was wollen Sie wirklich?

Jede Hemmung, die Sie loswerden, gibt Ihnen ein Stück Freiheit zurück. Hemmungen sind Ängste. Nehmen Sie Ihre Angst an, anstatt sie zu begründen. Lachen Sie mit der Angst, und lassen Sie sie los. Beispielsweise, indem Sie so tun, als spielten Sie jemanden, der diese Angst nicht hat.

So tun als ob

▶ »So tun als ob« ist ein guter Tipp, wenn man etwas Neues ausprobieren will. Immer, wenn in Ihnen ein Satz auftaucht wie »Ich kann das doch nicht!«, »Das habe ich noch nie gemacht!«, »Das geht bestimmt in die Hose!« – dann antworten Sie dieser inneren Stimme ganz frech: »Stimmt. Aber das macht nichts. Ich tue ja nur so als ob ...«

▶ Sie müssen einen Vortrag oder eine Rede halten? Stellen Sie sich einen kompetenten, sympathischen Redner vor, der bei den Zuhörern gut ankommt. »Oh je! So gut könnte ich nie sein!« – Macht nichts. Denken Sie ruhig: »Ich kann das nicht.« Denken Sie dann aber auch, Sie wollten in einer Laientheatergruppe einen berühmten Redner spielen. Betrachten Sie das, was Sie tun als Spiel – und befreien Sie sich von der Last des »Ich kann nicht ...«.

Negative Gedanken und Gefühle können einen regelrecht blockieren. Hat man dies jedoch erst einmal erkannt, ist der nächste Schritt –die negativen Gedanken in positive umzuprogrammieren – gar nicht mehr so schwer.

Negative Energie in **positive** wandeln

Kennen Sie Gefühle wie Hass, Neid, Wut, Depression oder Selbstmissachtung? Was tun diese Gefühle mit Ihnen? Sie versetzen Sie entweder in eine Erregung, die Sie auslaugt, oder in eine Erstarrung, die Sie stillstehen lässt. Diese Gefühle sind fehlgeleitete biologische Programme, die Ihr Unterbewusstsein belasten. Wenn es Ihnen gelingt, sich von solchen Gefühlen zu befreien, werden Sie einen riesigen Energieschub erleben!

Was bringt's?

Ein paar Übungen, die Ihnen helfen, sich von negativen Gedanken zu befreien, haben Sie schon kennen gelernt (»Schöne Bilder malen«, siehe Seite 33, »Gedanken-Stopp«, Seite 37, »ABC«, Seite 39f., »Ein neuer Rahmen«, Seite 43). Der erste Schritt, um negative Gedanken umzuprogrammieren, besteht darin, sie rational zu betrachten: Was bringt mir der Hass, der Neid, die Wut, die Depression? Die Antwort wird Ihnen sicherlich leicht fallen: nichts!

Der Lumpensammler

▶ Sie sehen jemanden, der einem anderen einen schweren Sack mit altem Kram hinterherträgt. Dieser Lumpensammler stöhnt unter seiner Last. Und dem anderen ist es völlig egal, was der Lumpensammler tut – er ist kein bisschen dankbar, aber es stört ihn auch nicht. Und doch keucht ihm der Lumpensammler hinterher. Denken Sie nicht auch: »Spinnt der?«

▶ Genau so verhalten sich aber Menschen, die anderen, die sie emotional verletzt haben, etwas »nachtragen«! Nachtragend zu sein, ist völlig sinnlos. Es nützt niemandem und schadet nur dem, der das alte Zeug mit sich herumschleppt!

▶ Verzeihen ist viel leichter als nachtragen. Verzeihen Sie – nicht dem anderen zuliebe, sondern weil Sie damit eine große Last ablegen!

Das Selbstgespräch, der innere Dialog, kann außerordentliche Einsichten in die eigenen Verhaltens- und Denkmuster liefern, die einem positiven Selbstbild, Selbstvertrauen und Selbstsicherheit entgegenstehen.

Der innere Dialog

Negative Energien kommen natürlich nicht aus dem Nichts. In Ihnen ist ein Teil, der diese negative Kraft für die bestmögliche Problemlösung hält – und das aufgrund von früheren Erfahrungen, Lebenseinstellungen oder Missverständnissen. Sprechen Sie mit dieser »Inneren Persönlichkeit«. Auf diese Weise werden Sie viel über sich selbst lernen, das hilft, Ihr Selbstbeswusstsein und Ihre Selbstachtung zu steigern.

Eine Studie

Ich habe eine Gruppe von Studenten untersucht, die unterschiedlichen Problemen wie Depressionen, Prüfungsängsten, Hemmungen oder Wut litten. Nach drei Wochen mit »Selbstgesprächen« waren die Probleme deutlich verringert.

Besonders wichtig für ein solches therapeutisches Selbstgespräch war Folgendes:

- Die Innere Persönlichkeit, die für die negativen Gefühle oder Gedanken verantwortlich ist, sollte möglichst deutlich als eigenständige, unterbewusste Person betrachtet werden.
- Der Inneren Persönlichkeit sollte mit Verständnis und Achtung entgegengetreten werden: Dazu gehört, dass Sie ihr einen positiven Namen geben – denn jede Innere Persönlichkeit hat eine positive Absicht.
- Der Inneren Persönlichkeit sollte eine Möglichkeit gezeigt werden, wie sie ihre positive Absicht auf eine bessere Art und Weise verwirklichen kann.

Wir sind viele

Von Inneren Persönlichkeiten zu sprechen, klingt für manche Menschen erst einmal unheimlich oder versponnen. Es ist aber durchaus sinnvoll: Sie sind tatsächlich in unterschiedlichen Situationen ein unterschiedlicher Mensch. Das heißt, dass Ihre Gefühle, Gedanken, Motive und Erinnerungen in jeder Lebenslage andere sind.

Anstatt nun jedes Mal unpersönlich und umständlich von »bestimmten zusammengehörigen Gefühlen, Gedanken, Motiven und Erinnerungen« zu sprechen, können wir das Ganze auch persönlich als eine so genannte Innere Persönlichkeit betrachten. Hier die häufigsten Beispiele für Innere Persönlichkeiten: der Innere Genießer, der Innere Träumer, das Innere Kind, der Innere Kritiker, der Innere Realist, der Innere Freund ...

Der Innere Kritiker

Der Innere Kritiker ist der Teil von Ihnen, der scharfsinnig ist und Schwachpunkte erkennt. Er ist sehr flexibel, mal konservativ, dann wieder unkonventionell. Manchmal ist er auch etwas spöttisch.

Der Vorteil dieser Methode

Auf dem Weg des inneren Dialogs können wir mit unseren verschiedenen inneren Aspekten, den Inneren Persönlichkeiten, kommunizieren. Wir können von ihnen lernen, ihnen neue Wege zeigen, uns neue

Wege zeigen lassen und letztendlich eins mit uns selbst werden – und uns damit von scheinbar unauflösbaren inneren Widersprüchen und quälenden Gefühlen befreien!

Wichtig für den inneren Dialog

▶ Geben Sie Ihren Inneren Persönlichkeiten positive Namen, beispielsweise »der Ehrgeizige« statt »der Neidhammel« oder »der Gefühlvolle« statt »der Depressive«. Dadurch achten Sie seine positive Absicht.

▶ Wenn Sie mit einer Inneren Persönlichkeit sprechen wollen, sprechen Sie (laut oder innerlich) diese Persönlichkeit an. Auch wenn es Ihnen merkwürdig erscheint: Eine Innere Stimme wird Ihnen antworten. (Oft meldet sich zuerst der Innere Kritiker: »Was soll denn das, was du hier machst?« Danach wird aber auch die Stimme laut werden, die Sie angesprochen haben!)

▶ Forschen Sie zunächst nach der positiven Absicht der Inneren Persönlichkeit. Das ist unbedingt nötig. Jede Innere Persönlichkeit hat eine – wenn auch nicht sehr hilfreiche – positive Absicht.

▶ Suchen Sie einen Weg, der die positive Absicht Ihrer Inneren Persönlichkeit erfüllt, die Sie behindert – und der Sie Ihren Zielen näher bringt.

Der Innere Freund

Der Innere Freund ist der Teil von Ihnen, der Sie uneingeschränkt mit all Ihren Schwächen akzeptiert und stets das Positive in Ihnen aufspürt.

Tipp

Führen Sie immer wieder einen Dialog mit Ihrem Inneren Kritiker und Ihrem Inneren Freund. Und zwar so lange, bis schließlich diese beiden Aspekte Ihrer selbst Freundschaft geschlossen haben. Es kann einige Zeit dauern. Geben Sie nicht auf!

Sie haben die (Wort-)Wahl

Nicht nur im Selbstgespräch, sondern auch im Gespräch mit anderen ist es wichtig, welche Worte Sie gebrauchen. Ihre Wortwahl bestimmt Ihr Bewusstsein. Verändern Sie Ihren Wortschatz! Alle Wörter, die Sie einschränken, können Sie nach und nach durch positive ersetzen – und dann die positiven durch Power-Worte. Hier ein paar Beispiele:

Einschränkende Worte	Positive Worte	Power-Worte
▶ gefordert	▶ motiviert	▶ beflügelt
▶ Problem	▶ Aufgabe	▶ spannende Herausforderung
▶ deprimiert	▶ nicht völlig glücklich	▶ auf dem Weg nach oben
▶ besorgt	▶ interessiert	▶ begeistert
▶ dumm	▶ noch viel zu lernen	▶ wissbegierig
▶ nervös	▶ aktiv	▶ energiegeladen

Sie können diese Liste nach Belieben verlängern. Mal sehen, wie viel Ihnen dazu einfällt. Und setzen Sie diese neue Wortwahl auch im täglichen Leben um – und freuen Sie sich über die positiven Reaktionen Ihres Gegenübers.

Wenn Sie eher skeptisch sind und sich normalerweise zurückhaltend ausdrücken, sollten Sie sich langsam über die positiven Formulierungen zu den Power-Worten herantasten. Allzu überschwängliche Aussagen treffen sonst vielleicht erstmal auf innere Widerstände.

Vom **Wert** über den **Traum** zum **Ziel**

Wir haben nun schon viel darüber gesagt, was man alles loslassen kann, um sich zu befreien. Ebenso wichtig, wenn nicht wichtiger, ist allerdings, dass Sie sich klar machen, was Sie keinesfalls loslassen wollen. Es gibt Dinge im Leben, die Sie nicht loslassen können, ohne sich selbst zu verlieren (wenn auch das, wie Sie im letzten Kapitel, Seite 66ff., sehen werden, manchmal sinnvoll sein kann).

Ihre Werte benennen

Die Dinge, die wirklich zu Ihnen gehören, sind Ihre Werte. Ihren Werten folgen Ihre Träume, und aus Ihren Träumen werden Ihre Ziele. Suchen Sie also zuerst einmal aus der folgenden Liste Ihre fünf wichtigsten Werte heraus.

Beispiele für Werte

- Abenteuer
- Aktivität
- Ansehen
- Begeisterung
- Bewegung
- Dienen
- Ehrlichkeit
- Einfachheit
- Einzigartigkeit
- Erfüllung
- Erkenntnis
- Fähigkeit
- Freiheit
- Freude
- Freundschaft
- Frieden
- Gemeinschaft
- Gerechtigkeit
- Glück
- Harmonie
- Herausforderung
- Humor
- Individualität
- Kreativität
- Lehren
- Leistung
- Lernen
- Liebe
- Macht
- Mut
- Ordnung
- Religion
- Ruhm
- Schönheit
- Selbstständigkeit
- Sicherheit
- Spaß
- Spiritualität
- Toleranz
- Veränderung
- Verantwortung
- Wahrheit
- Weisheit
- Weltverbesserung
- Würde

Natürlich könnnen Sie die Liste durch beliebig viele weitere Werte ergänzen, die Ihnen noch einfallen. Vielleicht hat Ihnen das Werteerforschen schon eine Überraschung beschert?

»Wenn ein Kapitän nicht weiß, welches Ufer er ansteuern soll, dann ist kein Wind der richtige.« Seneca

Die Werte erfüllen

Betrachten Sie nun einmal alles, was Sie tun, unter dem Blickwinkel: »Wie sehr erfüllt es meine Werte?« Sie können einfach darüber nachdenken oder es systematischer angehen, indem Sie Ihre Tätigkeiten untereinander schreiben und darüber waagerecht in einer Zeile Ihre fünf (oder mehr) Werte, die Sie vorher aus der obigen Liste herausgesucht haben. Anschließend geben Sie dann »Noten«, wie sehr eine Tätigkeit einen Wert erfüllt.

Sie werden schnell feststellen, dass manche Tätigkeiten Ihren Werten mehr entsprechen als andere: Dies sind die Dinge, die Sie erfüllen, motivieren und weiterbringen.

Ein Wegweiser zu Ihren Zielen

Machen Sie es sich einfacher, Ihre Ziele zu erreichen, indem Sie Ihre Ziele in eine Form bringen, die Sie ohne Umwege voranbringt. Überprüfen Sie die folgenden sieben Punkte – und Sie werden Klarheit darüber gewinnen!

Checkliste für Ihre Zielbstimmung

Was ist das Ziel genau? Ein gutes Ziel ist konkret und enthält keinerlei Verneinungen, das heißt, es ist positiv formuliert. Es beinhaltet auch keinen Vergleich. Es hat einen festgelegten Zeitrahmen und ist durch Ihr eigenes Zutun, Ihre eigene Kompetenz erreichbar.

Welche Werte verwirklicht das Ziel? Lohnt es sich für Sie wirklich, dieses Ziel zu erreichen? Wenn ja, stimmen die Werte, die es verwirklicht?

Was sind die Merkmale des Zielzustands? Welche Aktivitäten, welche Gefühle, welche Wahrnehmungen sind mit dem Ziel verbunden?

Was hat sich durch das Erreichen des Zieles im Leben verändert? Machen Sie sich klar, was sich für Sie ändern wird, wenn Sie Ihr Ziel endlich erreicht haben.

Was ginge durch das Erreichen des Zieles eventuell verloren? Welche negativen Konsequenzen kann es haben?

Was brauchen Sie noch, um Ihr Ziel zu erreichen? Welche positiven Erfahrungen, Kenntnisse, Fähigkeiten haben Sie, die Ihnen helfen?

Was ist der Grund dafür, sich nicht jetzt, sofort auf den Weg zu Ihrem Ziel zu machen?

Wenn das genaue Ziel fehlt

»Der Weg zur Hölle ist mit guten Vorsätzen gepflastert«, sagt der Volksmund und drückt damit recht deutlich aus, was von vagen Plänen ohne eine exakte Zielbestimmung zu halten ist.

Menschen **loslassen**, die Ihnen schaden

- *Wahre und falsche Freunde erkennen*
- *Die Liebe pflegen*
- *Es könnte auch ganz anders sein*

Das Wichtigste im Leben sind die Beziehungen zu anderen Menschen. Gute Freunde machen glücklich. Ihre »Beziehungs-Energie« ist wertvoll – daher sollten Sie in Ihren Beziehungen aufräumen: indem Sie Menschen, die Ihnen nur Kraft rauben, Ade sagen und die gewonnene Energie in gute Freundschaften und Beziehungen investieren.

Wahre und falsche **Freunde** erkennen

Wenn es einem gut geht, hat man bekanntlicherweiser viele Freunde. Doch erst in Krisenzeiten erkennt man die wahren Freunde. »Gute Freunde sind die, die einem nützen, schlechte Freunde solche, die einen ausnützen.«

Wenn Sie ein Freund, dem es schlecht geht, anruft, weil es ihm schlecht geht, zieht Sie das vielleicht herunter und »schadet« Ihnen in diesem Moment. Wenn Sie ein Freund jedoch nur (!) dann anruft, wenn es ihm schlecht geht, dann sind Sie nicht sein Freund, sondern nur seine emotionale Müllkippe. Eine solche Beziehung schadet Ihnen prinzipiell.

Leider ist es eine Tatsache, dass wir sehr oft wirklich erst in echten Krisenzeiten erkennen, wer unsere wahren Freunde sind. Sie stehen auch in der Not zu uns, ohne zuerst an sich selbst zu denken.

Gewinn durch echte Freundschaft

Wenn es Ihnen gelingt, sich mit echten Freunden zu umgeben und sich gleichzeitig von falschen Freunden zu trennen, wird Ihr Leben leichter: Sie gewinnen an Zeit, die Sie nicht mehr für »Energievampire« aufwenden müssen, und Sie gewinnen an Lebensqualität, die Ihnen echte Freundschaft gibt.

Ein Spiel, bei dem alle gewinnen

Freundschaften – oder überhaupt Beziehungen zwischen Menschen – bestehen immer aus Geben und Nehmen. Dabei geht es natürlich nicht in erster Linie um materielle Dinge.

Kosten-Nutzen-Rechnungen sind etwas, das auf den ersten Blick für menschliche Beziehungen keineswegs angemessen erscheint. Das Rationale, Rechnerische widerstrebt uns zu Recht, wenn es um Menschen geht.

Und doch haben wir nur die Wahl, ob wir diese »Rechnung« bewusst machen oder unser Unterbewusstsein nach seinen eigenen Kriterien entscheiden lassen.

Gute Gründe zum Handeln

Auch wenn wir selbstlos handeln wollen, tun wir das aus einem bestimmten (oder unbewussten) Grund: beispielsweise um einen Platz im Himmel zu bekommen, um das Gefühl zu haben, ein guter Mensch zu sein, oder um einfach die Freude daran zu genießen, andere glücklicher zu sehen.

All das können gute Gründe sein – wenn wir sie uns vor Augen führen. In dem Moment, wo wir auf Gegenleistungen hoffen, sollten wir uns auch klar machen, welche Gegenleistungen wir erwarten und ob diese Erwartungen Aussicht auf Erfüllung haben.

Je mehr Sie auf Ihre Freunde eingehen, ihnen zuhören und ihnen Ihre Unterstützung in allen Lebenslagen geben, desto mehr werden Sie von diesen Menschen zurückbekommen.

Soll und Haben

Untersuchen Sie einmal Ihre Beziehungen, sowohl die freundschaftlichen als auch die partnerschaftlichen und die geschäftlichen, daraufhin: Was steht auf der Haben-Seite? Was steht auf der Soll-Seite?

Die 2:1-Regel

- Um gute Freunde zu gewinnen und Beziehungen zu pflegen, gibt es eine ganz einfache »Regel«, die nichts mit Manipulation zu tun hat:
- Versuchen Sie darauf zu achten, dass Sie ein Drittel der Zeit sprechen und Ihr Partner zwei Drittel (natürlich nicht mit der Stoppuhr!).
- So signalisieren Sie Interesse am anderen. Ganz nebenbei befreien Sie sich auch noch von dem – ganz natürlichen – Drang, sich selbst in den Mittelpunkt zu stellen.
- Sie zweifeln an dem Sinn dieser Regel? Probieren Sie es einfach aus!

Wenn entweder Sie oder der andere bei dieser Rechnung »verlieren«, trägt die Beziehung nicht. Erst recht nicht, wenn beide verlieren. Bei jeder Freundschaft, jeder Liebe, jeder guten Geschäftsverbindung gewinnen immer beide!

Tugenden der Freundschaft

Gibt es etwas Schöneres, als ein paar gemütliche Stunden mit seiner besten Freundin oder seinem besten Freund bei einem intensiven Gespräch zu verbringen?

Damit Sie immer auf der Gewinnerseite sind, ist es gut, wenn Sie Freundschaftstugenden hoch schätzen und auch selbst kultivieren.

Ein paar wichtige Freundschaftstugenden

- sich Zeit für den anderen nehmen
- den anderen, mitsamt seinen Schwächen und negativen Seiten, annehmen können
- gemeinsame Ziele haben (natürlich nicht in allen Lebensbereichen, aber doch zumindest in einem)
- ganz offen über Gefühle sprechen können und über alle Dinge, die einen gerade bewegen
- so sein zu können, wie man wirklich ist – anstatt sich verstellen zu müssen

So gewinnen Sie immer

Wenn alle die Punkte der oben genannten Liste der Freundschaftstugenden für beide Partner gelten, »gewinnen« garantiert beide in der Beziehung. Wenn nicht, beschwert diese Beziehung Ihr Leben wahrscheinlich mehr, als dass sie Ihnen das Dasein leichter und schöner macht.

»Schluss machen«?

Denken Sie doch einmal darüber nach, was Sie verlieren, wenn Sie diese Beziehung abbrechen! Und dann denken Sie auch darüber nach, was Sie verlieren, wenn Sie es nicht tun.

Die Liebe pflegen

Eine glückliche Partnerschaft gehört zum Menschen. Viele wissenschaftliche Untersuchungen haben gezeigt, dass eine erfüllte Partnerschaft wichtiger für die physische und psychische Gesundheit ist als Sport, gesunde Ernährung oder gute Angewohnheiten. Körperliche Nähe und Zuwendung ist schließlich das Einzige, was sich ein Mensch nicht selbst geben kann!

Damit eine Liebesbeziehung von Dauer ist, muss man sich schon darum kümmern. Allerdings sind dabei beide Partner gefordert.

Eine erfüllte Beziehung

- Sie ist keine Glückssache.
- Sie ist nicht dasselbe wie Verliebtsein.
- Sie ist stabil, aber nicht durchgehend eitel Sonnenschein.
- Sie ist von Vertrauen, Toleranz und gleichen Zielen getragen.

Beziehungspflege ist keine Arbeit

Sie haben es also in der Hand, Ihre Liebe zu pflegen und zu bewahren. »An der Beziehung arbeiten« ist eine Formulierung, die ich nicht besonders mag. Aber nur aus einem Grund: Es ist keine Arbeit! Ich möchte auch in diesem Punkt Ihr Leben vereinfachen und es nicht mit noch mehr Pflichten und Lasten komplizierter machen.

Im Folgenden werden Sie ein paar Punkte finden, die Ihnen das (Liebes-)Leben einfacher und unkomplizierter machen.

Niemand »macht« Ihre Gefühle

»Du ziehst mich mit deinen negativen Gedanken runter!«, »Deine Unordentlichkeit macht mich krank!«, »Du machst mich wütend!« – kennen Sie solche Sätze, oder denken Sie dergleichen manchmal?

Wenn ja: Befreien Sie sich davon! Niemand, wirklich niemand kann Ihre Gefühle machen. Dass das eine mit dem anderen gemeinsam auftritt, bedeutet nicht, dass das eine das andere auslöst.

Sie »machen« Ihre Gefühle selbst

Vielleicht sind Sie gereizt, wenn Ihr Partner mal wieder das Bad wie einen Schweinestall hinterlassen hat. Verständlich. Doch fragen Sie sich selbst: Löst ein unordentliches Bad immer bei jedem Gereiztheit aus? Wenn nämlich nicht – dann kann es ja nicht Ihr Partner sein, der Ihre Gefühle »gemacht« hat. Sie selbst machen Ihre Gefühle.

WIE GEHT DENN DAS?
Es ist eine seltsame Sache, sich selbst zu fragen, wie man es eigentlich anstellt, negative Gefühle zu haben. Doch es ist ein unglaublich hilfreicher Schritt, um solche Gefühle loszulassen.

Halt! Nur keine Aufregung: Das heißt gewiss nicht, dass Sie selbst schuld wären. Doch welche Sichtweise gibt Ihnen wohl mehr Freiheit: »Andere machen mir schlechte Gefühle, und ich bin das Opfer!« oder »In manchen Situationen mache ich mir negative Gefühle. Wie mache ich das eigentlich? Geht es auch anders?«

Das A und O ist Kommunikation

Ihr Leben, vor allem das Zusammenleben mit anderen Menschen, können Sie enorm vereinfachen, wenn Ihnen bewusst wird, wie wichtig Kommunikation ist. Das heißt nicht, dass Sie nun Kommunikationswissenschaftler werden müssen – machen Sie es sich leichter, und kommunizieren Sie unbeschwerter (und erfolgreicher), indem Sie sich an fünf einfachen Grundsätzen orientieren:

Gemeinsam schweigen zu können, ist eine Form der Kommunikation, die gelernt sein will.

Die Grundsätze der erfolgreichen Kommunikation

Bereitschaft Wenn Sie nicht wirklich bereit sind, Ihrem Partner zuzuhören, ist ein Gespräch sinnlos! Lassen Sie es dann besser.

Vertrauensvorschuss Es wird Ihnen viel leichter fallen, Ihren Partner zu verstehen und ihm zuzuhören, wenn Sie zunächst davon ausgehen,

dass Ihr Gesprächspartner etwas Positives im Sinn hat. Wenn Ihr Partner sich angenommen und ernst genommen fühlen kann, wird er auch Ihnen eher zuhören und Sie verstehen!

Aufmerksamkeit Der Blickkontakt mit Ihrem Gesprächspartner zeigt ihm, dass Sie wirklich zuhören. Dann wird er sich leichter öffnen können. Ebenso wichtig: zustimmende Signale wie Kopfnicken, »Hmhm« oder »Ich verstehe« geben. Jeder Gesprächspartner wartet unbewusst auf solche Signale. Wenn keine Reaktion kommt, wird er unsicher und sich nicht ernst genommen fühlen.

Aussprechen lassen Kaum etwas ist so wichtig, wie den anderen aussprechen zu lassen. Denken Sie daran, wie Sie sich fühlen, wenn Sie etwas sagen wollen und ständig unterbrochen werden!

Einfühlen Ein Gespräch wird dann intensiv und fruchtbar, wenn man darauf achtet, was der andere sagt und wie er sich dabei fühlt. Konzentrieren Sie sich, während Ihr Partner spricht, ganz auf ihn, anstatt darauf zu achten, wie Sie selbst sich gerade fühlen und wie Sie am besten antworten!

ARTHUR SCHOPENHAUER:
»Wenn die Absurdheiten eines Gesprächs, welches wir anzuhören im Falle sind, anfangen, uns zu ärgern, müssen wir uns denken, es wäre eine Komödienszene zwischen zwei Narren.«

Mars- und Venus-Strategien

Männer und Frauen sprechen nur scheinbar dieselbe Sprache. Um sich gegenseitig schneller und einfacher zu verstehen, ist es hilfreich, darüber Bescheid zu wissen, wie der andere »tickt«. Wenn Sie sich nur von ein paar Vorurteilen befreien, wird Ihre Partnerschaft mit Sicherheit schon ein kleines Stück unproblematischer werden.

Mars und Venus

- »Männer sind gefühlsarm.« Das kommt Frauen manchmal zwar so vor. Das liegt aber nur daran, dass Männer eher von ihren Gefühlen verwirrt sind und nicht so gut darüber sprechen können.
- »Frauen sind unlogisch.« Das kommt Männern manchmal so vor.

Bitte oder Forderung?

Er: »Zieh doch bitte das rote Kleid an!«
Sie: »Nö, ich zieh heute das blaue an.«
Er: »Aber ich hab dich doch darum gebeten!«
Sie: »Ja, das fand ich süß.«
Er: »Also?«
Sie: »Also was?«
Er: »Ziehst du nun das rote Kleid an?«
Sie: »Ach nein, mir ist heute eher nach Jeans.«
Er: »Dann gehst du heute allein aus!«
Ende!

Doch Frauen gehen nicht Schritt für Schritt vor wie Männer, sondern ganzheitlich.

- »Ein Mann, der einer Frau von einem Problem erzählt, will über seine Gefühle sprechen.« Äußerst selten! In der Regel will er ihre Lösungsvorschläge hören. Wenn sie dann plötzlich über Gefühle redet, nervt ihn das meist.
- »Eine Frau, die einem Mann von einem Problem erzählt, will Lösungsvorschläge von ihm.« Weit gefehlt! Frauen klären durch Gespräche ihre Gedanken und finden durch den Prozess des Gespräches ihre eigenen Lösungen. Fertige Lösungsvorschläge von Männern wollen sie meist gar nicht hören.

Sprechen Sie ganz offen über Ihre Wünsche, Ziele und Hoffnungen, über Ihre Sorgen, Ihre Fragen und Ihre Bedürfnisse. Nur wenn Ihr Partner von Ihnen erfährt, was wirklich in Ihnen vorgeht, kann er Sie verstehen. Dann klappt's manchmal auch mit dem Gedankenlesen …

Können Sie Gedanken lesen?

Ja? Dann haben Sie es natürlich leicht, die Wünsche Ihres Partners immer genau zu kennen. Nein? Dann sollten Sie das auch nicht von Ihrem Partner erwarten. Dieser Tipp könnte wirklich überflüssig sein, wenn nicht viele Menschen so handelten, als ob sie von ihrem Lebensgefährten erwarteten, dass er Gedanken (natürlich nur die guten!) lesen könnte.

Liebeskummer & Co.

Die Liebe ist schön, solange sie dauert. Doch wenn sie zu enden droht, scheint nicht nur das Herz zu brechen. Mitunter sieht es so aus, als würde das ganze Leben aus den Fugen geraten. Der Schmerz ist beinahe unerträglich, wenn die Gefühle tief waren und die Bindung an den Partner eng. Wenn all das, woran man geglaubt und in das man Gefühle investiert hat, mehr oder weniger plötzlich zerbricht – woher kann man dann noch Hoffnung nehmen?

Den Schmerz überwinden

Wenn Ihre Beziehung in die Brüche gegangen ist, ist es selbstverständlich, dass Sie einige Zeit traurig sind. Aber das darf keinesfalls zum Dauerzustand werden!

Jedes Verlassenwerden verletzt das Selbstwertgefühl. Um den Schmerz zu überwinden, ist es am allerwichtigsten, die Verletzung des Selbstwertgefühls anzuerkennen. Und dann erst kann man sich allmählich befreien.

Tipps gegen Liebeskummer

▶ Machen Sie sich klar, dass die Schmerzen auf das verletzte Selbstwertgefühl zurückgehen.

▶ Unterbrechen Sie Ihre Grübeleien. Bei einer seelischen Verletzung bewegen sich Gedanken immer wieder im Kreis. Unterbrechen Sie das – sofort, wenn Sie sich beim Grübeln ertappen, sagen Sie ganz bewusst: »STOPP!«

▶ Geben Sie Ihrem Unterbewusstsein positive Nahrung: Jedes Mal, wenn Sie zum Grübeln »STOPP!« sagen, lassen Sie bestätigende Sätze folgen: »Ich bin liebenswert, und ich bin frei!«, »Ich fühle mich von Tag zu Tag freier und wohler!«, »Ich bin stark und glücklich!« Natürlich wird Ihnen das zunächst albern vorkommen – aber es hilft!

▶ Verzeihen Sie Ihrem Expartner – unbedingt! Natürlich sind Sie jetzt sauer auf ihn. Sie sollen aber auch nicht Ihrem ehemaligen Partner zuliebe verzeihen, sondern sich selbst zuliebe. In dem Moment, in dem Sie wirklich verzeihen können, werden Sie frei sein!

Es könnte auch **ganz anders** sein

Unsere Urteile über Menschen leiten uns. Jemand, der uns sympathisch ist, kann sich so mancherlei leisten, bis er sich unsere Sympathie verscherzt. Jemand, der uns dagegen auf den ersten Blick unsympathisch war, hat es meistens erheblich schwerer, uns doch noch für sich zu gewinnen. Alles, was er tut, wird aus einem negativen Blickwinkel betrachtet.

Nun ist unsere Intuition sicherlich eine sehr wichtige Fähigkeit, wenn es darum geht, Menschen einzuschätzen. Doch unsere Intuition kann auch dann und wann gründlich daneben liegen.

Wenn Sie es sich leichter mit Ihren Mitmenschen machen wollen, versuchen Sie, sich von (Vor-)Urteilen zu befreien. Der erste Eindruck bestimmt oft, wie Sie mit einem Menschen in Zukunft umgehen. Machen Sie sich nicht zum Sklaven des ersten Eindrucks.

Immanuel Kant

»Der Gebrauch der Vernunft hat Grenzen. Er kann uns zwar zeigen, dass etwas so und so beschaffen ist – nicht aber, dass es nicht auch ganz anders sein könnte.«

Sympathie und Antipathie

Woher kommt das Gefühl »Dieser Mensch ist mir sympathisch«? Wir nehmen sehr viel mehr unbewusst wahr als bewusst. Kleine Signale der Körpersprache geben uns schon über einen Menschen Auskunft. Unser Unterbewusstsein regelt die Dinge für uns, um unser Bewusstsein nicht mit Entscheidungen belasten zu müssen.

Das bedeutet aber auch, dass Sie die Entscheidung aus der Hand geben. Den Eindruck, den ein Mensch auf Sie macht, bewertet Ihr Unterbewusstsein – doch Sie wissen nicht, nach welchen Kriterien. Es reicht, dass Ihr Gegenüber einem Menschen, der Sie verletzt hat, ähnlich sieht, eine ähnliche Stimme oder einen ähnlichen Geruch hat, damit Ihr Unterbewusstsein entscheidet: »Mit dem will ich nichts zu tun haben!«

Sich vom ersten Eindruck befreien

Wollen Sie wirklich Ihre Verbindungen zu anderen Menschen durch derlei Dinge bestimmen lassen? Probieren Sie doch einmal aus, wie es ist, wenn Sie einem Menschen begegnen, der Ihnen unsympathisch ist, ohne dass Sie wissen warum – und wenn Sie sich dann vorstellen, er würde sich nur verstellen und wäre in Wirklichkeit ganz besonders nett …

Sie werden sicherlich überrascht sein, welche Erfahrungen Sie machen, wenn Sie sich von den ersten Einschätzungen Ihres Unterbewusstseins befreien!

Probieren Sie doch einmal die Übung »Sich vom ersten Eindruck befreien« auf dem nächsten Fest, auf einem Empfang oder einfach beim Schlangestehen an der Kasse aus.

Die »sich selbst erfüllende Prophezeiung«

▶ Peter sagt zu seinem Freund in der Kneipe: »Es ist immer wieder das Gleiche. Ich fühl mich wirklich gut – und kaum bin ich zu Hause, zieht meine Frau wieder ein Gesicht, und wir fangen an zu streiten. Meine gute Laune ist dann natürlich weg. Ich hab gar keine Lust, nach Hause zu gehen. Ich bleib lieber noch ein Stündchen.«

Peter macht eine »Prophezeiung«. Er sagt die Zukunft voraus. Das Problem ist nur, dass seine Vorhersage – wie viele solcher Vorhersagen – eine »sich selbst erfüllende Prophezeiung« ist.

▶ Peter bleibt noch eine Stunde in der Kneipe bei seinem Freund. Am späten Abend kommt er, nicht mehr ganz nüchtern und mit Zigarettenmief im Anzug, nach Hause. Seine Frau macht ihm die Tür auf und lächelt ihn an. »Na, warst du noch mit Paul einen heben?« Peter hat es geahnt. »Na und?«, fährt er sie an. »Darf ich nicht?« Der Streit geht los.

Robert Browning

»Manche Menschen sehen die Dinge wie sie sind und fragen: ›Warum?‹ Ich wage von Dingen zu träumen, die es niemals gab, und frage: ›Warum nicht?‹«

In diesem Beispiel war es ziemlich klar, wieso sich die »Prophezeiung« selbst erfüllt hat. Peter war so sehr auf Streit eingestellt, dass er in seinem Bewusstsein schon Realität war.

Nicht den Propheten spielen

Wir spielen viel zu oft den Propheten. Wir greifen immer wieder der Zukunft voraus: »Der hat noch nie etwas geschafft – das wird er jetzt garantiert auch nicht schaffen!«, »Sie kann einfach nicht ehrlich sein. Ich werde ihr nicht mehr trauen.«, »Ich weiß schon, was du sagen willst!«

Doch wir wissen es natürlich nicht. Wenn wir auf etwas wetten, dann müssen wir Wahrscheinlichkeiten abschätzen. Aber wenn wir keine Wette laufen haben, leben wir viel leichter und unbeschwerter. Wenn wir die Zukunftsvorhersage den Astrologen, Wahrsagern und Meteorologen überlassen, dann …

Das Ich **loslassen** – und wieder leben!

- *Finden Sie Ihre »Vision«*
- *Herausforderungen genießen*
- *Gestern – Heute – Morgen*
- *Buddhas Tipp*

*Ich, Ich, Ich …
Natürlich
stehen Sie im
Mittelpunkt Ihres
Lebens – und das ist
ja auch völlig richtig, gut
und natürlich. Doch wie viel
versäumen Sie, wenn Sie immer um diesen Mittelpunkt kreisen! Wenn Sie Ihr Ich von den Fesseln des Egoismus befreien, werden Sie Lebensfreude, neue Einsichten und wirkliches Glück erleben.*

Finden Sie Ihre Vision

»Aber wozu du Einzelner da bist, das frage ich, und wenn es dir sonst keiner sagen kann, so versuche es nur einmal, dass du dir selber einen Zweck, ein Ziel, ein Dazu vorsetzest, ein hohes und edles Dazu.« Friedrich Nietzsche

Wenn Sie sich von vielem Unnötigen getrennt haben, werden Sie spüren, dass Sie sich immer mehr dem nähern, was wesentlich in Ihrem Leben ist. Vielleicht hat das Wesentliche für Sie noch keine Richtung, die Sie erkennen können. Dann machen Sie sich auf die Suche nach Ihrer »Vision«.

Vielen Menschen fehlt ein Lebensleitziel, also eine Vision. Sie haben einen Beruf, eine Arbeit, einen Job. Sie haben ein Privatleben, in dem sie versuchen, das zu tun, was ihnen Spaß macht. Doch warum müssen Sie überhaupt zwischen Arbeit und Spaß trennen? Am besten wäre es doch, wenn Sie immer Spaß hätten!

Die Vision vereinfacht das Leben

Den beste Weg dorthin zeigt Ihnen Ihre Vision – Ihr Lebensleitziel, Ihre Berufung, das, was Sie begeistert und Ihnen Erfüllung verschafft. Auch dieses Ziel, was vielleicht auf den ersten Blick hoch oder sogar zu hoch gesteckt scheint, ist im Grund eine Vereinfachung Ihres Lebens.

Die häufig sehr große Kluft zwischen Arbeit und Spaß, zwischen Müssen und Wollen, zwischen Unwesentlichem und Wesentlichem wird geschlossen – und die innere Spannung, die aus diesen Widersprüchen entsteht, löst sich auf. Wahrscheinlich werden Sie denken: »Das klingt zwar ganz schön – aber ich glaube nicht, dass das für mich funktioniert. Das kann ich nicht.« Natürlich haben Sie die Wahl: Sie können selbstverständlich so weiterleben wie bisher, wenn Sie das möchten – oder Sie können Ihrem Leben eine Richtung geben und Ihre Träume verwirklichen! Was verlieren Sie, wenn Sie Ihre Vision suchen? Und was verlieren Sie, wenn Sie es nicht tun?

Ein kleiner Wegweiser

Bleiben Sie ganz entspannt. Sie werden Ihr Lebensleitziel, Ihre Vision nicht einfach so aus dem Ärmel schütteln. Das ist ja auch gar nicht nötig, ganz im Gegenteil: Schon dadurch, dass Sie beginnen, etwas bewusster nach dem Wesentlichen in Ihrem Leben zu suchen, wird Ihr Leben unbeschwerter und leichter. Deswegen: Machen Sie nur keinen Stress aus der Suche nach Ihrem persönlichen Weg!

Ein Traum wird Vision

»Träume sind Schäume«, heißt es im Volksmund. Erfüllt Ihr Traum jedoch (einen Großteil) Ihrer Werte, dann könnte dieser Traum eine Vision werden und Ihr Leben verändern.

So finden Sie Ihre Vision

Möglicherweise wissen Sie aber gar nicht, wie Sie überhaupt mit Ihrer Visionssuche beginnen sollten. Im Folgenden finden Sie einen kleinen »Wegweiser zu Ihrer Vision«.

Erster Schritt: Ihre Werte und Träume

▶ Wir haben schon einmal über Werte gesprochen (siehe Seite 49ff.). Betrachten Sie noch einmal Ihre wichtigsten Werte. Gibt es irgendetwas, das – wenn auch nur theoretisch – alle Ihre Werte erfüllen könnte? Bei diesem Schritt gibt es keine Grenzen, nur Ihre Träume zählen!

▶ Sehen Sie sich als Astronaut, Präsident, Chef einer Firma, Retter der Menschheit, Erfinder? Wollen Sie leidenden Menschen helfen, den Hunger in der Welt besiegen oder die Menschheit voranbringen? Spielen Sie mit Ihrer Fantasie. Das ist kostenlos und macht zudem noch Spaß!

▶ Am besten ist es, wenn Sie die Dinge aufschreiben, von denen Sie glauben, sie würden alle Ihre Werte erfüllen.

Zweiter Schritt: Ihre »Highlights«

▶ Denken Sie darüber nach, was Sie in Ihrem bisherigen Leben getan haben, was Ihnen wirklich Spaß gemacht und tiefe Erfüllung gegeben hat – die schönsten Momente Ihres Lebens.

▶ Lassen Sie solche wunderbaren Erlebnisse vor Ihrem inneren Auge wie einen Film ablaufen. Durchleben Sie die positiven Gefühle, die Sie während dieser Momente erlebt haben, noch einmal.

Dritter Schritt: Ihre Fähigkeiten

▶ Sie können viel mehr, als Sie glauben! Schreiben Sie alle Ihre Fähigkeiten auf. »Lesen« ist schon mal eine. Ohne sie könnten Sie dieses Buch nicht lesen und würden wahrscheinlich auch in Ihrem Beruf nicht zurechtkommen.

▶ Machen Sie einen dicken Kreis um die Fähigkeiten, die Sie im zweiten Schritt gebraucht haben.

Um Ihre Visionen zu finden, sollten Sie sich Zeit lassen. Nehmen Sie alles, was Sie bei der Übung aufgeschrieben haben, auch gelegentlich mal wieder zur Hand.

Vierter Schritt: Wie werden Ihre Träume wahr?

▶ Schreiben Sie die Fähigkeiten auf, die Sie bräuchten, um die Traumziele aus dem ersten Schritt verwirklichen zu können.

▶ Welche dieser Fähigkeiten haben Sie beim dritten Schritt in Ihre Liste aufgenommen? Schreiben Sie nun diese Fähigkeiten auf ein neues leeres Blatt.

Fünfter Schritt: Lassen Sie sich von Ihrem Unterbewusstsein helfen

▶ Sie haben jetzt schon genug getan. Lassen Sie nun Ihr Unterbewusstsein weitersuchen. Hören, sehen und fühlen Sie einfach in sich hinein. Bemühen Sie sich nicht, sondern achten Sie einfach auf die Bilder und Worte, die ganz wie von selbst in Ihrem Inneren auftauchen.

▶ Versuchen Sie, einen Leitsatz zu formulieren, der Ihre Vision beschreibt. Ein solcher Satz sagt in prägnanten Worten, was Ihnen wirklich wichtig ist und wohin Ihre Reise geht. Ein solcher Satz könnte beispielsweise so lauten: »Ich bin ein freier, selbst bestimmter Mensch – etwas Bleibendes zu hinterlassen, verschafft mir Erfüllung« oder »Ich bin Künstler – mich immer mehr meinem künstlerischen Ideal zu nähern, gibt mir Lebenssinn« oder »Meine Familie ist meine Erfüllung – das Glück meiner Lieben öffnet mein Herz der Freude« …

UNTERSCHÄTZEN SIE SICH NICHT

Auch wenn Sie es erst mal nicht für möglich halten, im dritten Schritt Ihrer Visionssuche werden Sie mit ein bisschen Nachdenken eine ganz schön lange Liste Ihrer Talente zustande bringen. Sie werden erstaunt sein!

Sechster Schritt: Die Vision fühlen

▶ Haben Sie einen Satz gefunden, der Ihre Vision gut beschreibt? Mit dem Verstand werden Sie das nicht ergründen können. Sprechen Sie den Satz anschließend ein paar Mal laut aus. Achten Sie dabei auf Ihre Gefühle. Wenn Sie ein tiefes, warmes, vibrierendes, beglückendes Gefühl in Ihrem Innersten spüren, dann wissen Sie, dass Sie bereits auf dem besten Weg zu Ihrer Vision sind. Dieses Gefühl wird Sie auf Ihrem Weg leiten!

Achtung Bloß keine Panik, wenn Sie nicht in fünf Minuten Ihre Vision gefunden haben! So etwas braucht einfach Zeit. Gehen Sie immer, wenn Sie gerade Lust und Zeit haben, die sechs Schritte durch. Im Lauf der Zeit wird Ihnen immer deutlicher werden, was das Wesentliche in Ihrem Leben ist.

Herausforderungen **genießen**

»Jeder Zustand, ja, jeder Augenblick ist von unendlichem Wert; denn er ist der Repräsentant einer ganzen Ewigkeit.« Johann Wolfgang von Goethe

Die meisten seelischen Lasten, den meisten Stress und die meisten Sorgen erlegen wir uns selbst auf. Warum eigentlich? Oft heißt es, dass es leicht wäre, etwas in Gedanken zu tun, aber schwer, das dann auch tatsächlich umzusetzen. Ich behaupte, dass es prinzipiell leicht ist, etwas zu tun – die Schwierigkeiten entstehen immer in den Gedanken.

Zu viel Überlegung kompliziert die Dinge

Für manche Dinge im Leben ist die Regel »Erst denken, dann handeln« sicher wichtig. Für die überwiegende Zahl unserer alltäglichen Handlungen ist die Parole »Handeln«, denn erst das Überlegen macht einfache Dinge schwer.

Ein typisches Beispiel – und die bessere Lösung

»Ich habe die Idee, einen längeren Spaziergang zu machen. Doch dann fange ich an zu denken: Der Himmel ist bewölkt, es wird sicher gleich regnen, dann werde ich nass und friere, das wird bestimmt ganz scheußlich, und vielleicht werde ich sogar noch krank, aber ein bisschen Bewegung würde mir doch eigentlich gut tun, aber es ist ja sooo anstrengend …«

Die bessere Lösung

Wie viel besser ist es oft, die Gedanken loszulassen und einfach zu leben. Dann wird der Regen zum sinnlichen Erlebnis, in der Kälte freue ich mich auf die warme Wohnung, ich bewege mich und fühle mich frisch – es ist ja sooo leicht!

Tipp

Eine auf den ersten Blick etwas makabere, aber interessante Methode, herauszufinden, was Ihnen wichtig ist: Schreiben Sie Ihre eigene Todesanzeige – so, wie Sie sie gern über sich lesen würden. Was soll anderen von Ihnen in Erinnerung bleiben?

Dem Leben einen Sinn geben

Jeder weiß, dass sein Leben irgendwann einmal zu Ende sein wird. Die meisten Menschen wissen es allerdings nur mit dem Verstand. Ihre Gefühle sagen ihnen, dass sie immer weiterleben werden – was die bisherige Erfahrung ja bestätigt.

Diese optimistische Haltung hat allerdings Folgen: Wenn wir noch ewig Zeit haben, warum sollten wir uns dann überhaupt auf die wesentlichen Dinge in unserem Leben konzentrieren? Wenn Sie sich – gefühlsmäßig – klar machen, dass Ihr Leben endlich ist, wird Sie das nicht etwa in Mutlosigkeit versinken lassen. Ganz im Gegenteil. Dadurch, dass unsere Zeit begrenzt ist, sehen wir deutlicher, was wirklich Bedeutung in unserem Leben hat. Wir beginnen damit, nach dem Sinn zu suchen.

Ein Leben ohne jeden Gedanken an einen Sinn kann erträglich sein – aber nicht erfüllt. Wenn Sie Ihrem Leben einen Sinn geben, dann wird Ihnen alles ein wenig leichter – denn Sie wissen, wofür Sie leben.

LAO TSE SPRACH

»Dreißig Speichen um die Nabe: Das, was nicht ist, macht den Nutzen des Rades.
Tonschlamm formt den Krug: Das, was nicht ist, macht den Nutzen des Kruges.
Fenster und Türen durchbrechen den Raum: Das, was nicht ist, macht den Nutzen des Raumes.
Daher liegt der Gewinn durch das, was ist, in dem, was nicht ist.«

Gestern – Heute – Morgen

»Carpe diem – Pflücke den Tag« – so mahnten schon die alten Römer. Jeden Tag, jeden Augenblick bewusst zu leben, bedeutet, unbeschwerter und gleichzeitig intensiver zu leben.

Tatsächlich leben die meisten von uns jedoch vor allem in der Vergangenheit und in der Zukunft und nicht in der Gegenwart. Was schon erstaunlich ist – denn der einzige Zeitpunkt, an dem wir tatsächlich

leben, ist immer das Jetzt. Unsere Gedanken bewegen sich dagegen scheinbar in der Zeit. Wir grübeln über die Vergangenheit, sorgen uns um die Zukunft, und wir vergessen dabei leider sehr oft, dass wir jetzt – genau in diesem Augenblick – leben. Denken Sie immer daran, und genießen Sie ihn!

Zum Meditieren benötigen Sie keine speziellen Fähigkeiten, keinen besonderen Glauben – und natürlich auch keine Anstrengung. Meditieren ist ganz einfach und für jeden durchführbar.

Meditation – wieder zur Ruhe kommen

Im Hier und Jetzt zu leben, fühlt sich frei und gut an. Wer im Augenblick bewusst lebt, sorgt sich nicht und grübelt nicht. Na wunderbar! Aber wie sieht das denn in der Praxis aus?

Eine der besten Möglichkeiten, die Kraft des Augenblicks zu erfahren, ist die Meditation. »Meditation« hat für viele Menschen immer noch einen geheimnisvollen Klang. Und doch ist der »dritte Bewusstseinszustand« (die anderen sind Wachen und Schlafen) etwas ganz Natürliches: Kinder, die so konzentriert spielen, dass sie die Mutter nicht rufen hören, oder Menschen, die völlig vertieft in die Betrachtung eines Kunstwerks sind, befinden sich in diesem zeitlosen Zustand.

Im Augenblick sein

Sie haben noch keine Erfahrung mit Meditation gesammelt? Das können Sie ganz schnell ändern. Eine »Ausbildung« zum Meditieren brauchen Sie nicht.

▶ Setzen Sie sich so, dass Ihr Rücken gerade ist und dass Sie stabil sitzen. Es gibt verschiedene spezielle Meditationsstellungen, die besonders vorteilhaft, aber manchmal auch recht schwierig sind. Am einfachsten ist wohl der Fersensitz. Legen Sie ein oder zwei dicke Kissen zwischen Ihre Fersen und das Gesäß, dann wird es noch leichter. Wenn auch das nicht geht, setzen Sie sich auf einen Stuhl.

▶ Schließen Sie die Augen, und versuchen Sie, den Augenblick vollkommen wahrzunehmen.

Machen Sie Meditieren zu einem kleinen Ritual, das Sie am besten jeden Tag ein- oder zweimal ausführen.

▶ Natürlich werden Ihre Gedanken abschweifen. Das ist ganz normal. Achten Sie nur darauf, immer wieder, wenn Sie es bemerken, in die Gegenwart zurückzukehren.

▶ Ein paar kleine »Tricks« können Ihnen das Verweilen im Augenblick leichter machen: Beobachten Sie Ihren Atem. Achten Sie auf unangenehme Körpergefühle wie beispielsweise Kribbeln oder leichte Schmerzen in den Beinen beim Sitzen – beobachten Sie sie, und Sie werden merken, wie auch diese Gefühle von selbst vergehen. Hören Sie auf Geräusche in Ihrer Umgebung, und versuchen Sie, sie nicht einzuordnen, sondern lassen Sie sie vorüberziehen.

▶ Bleiben Sie mindestens 10 bis 15 Minuten dabei. So lange dauert es, bis Ruhe in Ihren Geist einkehrt.

Ein einziges Licht ...

»Wenn es dir möglich ist, einer einzigen im Dunkel irrenden Seele ein Licht zu entzünden, einem Betrübten die sonnige Seite des Lebens zu zeigen, einem andern die höhere und edlere Lebensanschauung zu geben, einem Mitmenschen zu helfen, dass er ein besserer Mensch werde, einem Mühsamen und Beladenen die Lasten zu erleichtern, mit auch nur einem kleinen Funken der Liebe die Welt zu bereichern, dann hast du nicht vergebens gelebt.«
Jack London

Einfach loslassen

Sie sehen: Es ist nichts an der Meditation, was Sie nicht können. Probieren Sie aus, wie es ist, einfach loszulassen – die Ruhe, die Sie nach der Meditation fühlen, ist der Zustand, der einkehrt, wenn Sie nur für ein paar Minuten das Hin und Her in Ihrem Verstand loslassen. Wie wäre es wohl, wenn dieser Zustand beständiger wäre?

Buddhas Tipp

Buddha lebte vor etwa 2500 Jahren. Er wurde als Prinz in Indien geboren und lebte im Luxus – bis ihm eines Tages klar wurde, dass das Festhalten an Dingen nicht zum Glück führt und dass alles vergänglich ist. Anstatt in Depressionen zu verfallen, suchte er nach einem Weg, sich (und andere) von Leiden zu befreien. Ein Teil seines »Achtfachen Pfades« ist die bereits erwähnte Meditation. Eine von Buddhas wichtigsten Erkenntnissen ist jedoch der scheinbar widersprüchliche Satz: »Tat twam asi – Ich bin du.«

Um das Ich loszulassen, muss man natürlich nicht zum gläubigen Buddhisten werden. Ein bisschen Nachdenken über »Ich bin du« ist allerdings dafür schon sinnvoll.

»Ich bin du«

Das klingt für unsere westlichen Denkgewohnheiten sehr merkwürdig. Was soll das heißen? In der Tat ist es eine sehr moderne Sicht der Dinge. Alles ist mit allem verbunden – die Trennung von Ich und der Welt ist nur eingeübt. Und wir können viel gewinnen, wenn es uns gelingt, das Ich ein Stück weit loszulassen. Das, was wir verlieren, ist die Ichbezogenheit, was wir gewinnen, ist die Welt – und Gelassenheit, Freude, Verständnis ...

Erweitern Sie Ihre Wahrnehmung

Wollen Sie eine kleine Übung machen, die Ihnen näher bringt, wie gut es sich anfühlt, das Ich loszulassen und es zu erweitern? Ja? Dann los! Es ist ganz einfach:

▶ Machen Sie es sich bequem (beispielsweise im Meditationssitz), und schließen Sie die Augen. Spüren Sie Ihren Körper und Ihr Ich. Spüren Sie den Raum um sich herum.

▶ Stellen Sie sich vor, wie Ihr Geist sich ausdehnt und Menschen berührt, die Ihnen nahe stehen. Spüren Sie, wie diese Menschen ein Teil von Ihnen sind.

▶ Lassen Sie Ihren Verstand sich noch weiter ausdehnen und Menschen berühren, die Sie kennen. Auch diese Menschen sind ein Teil von Ihnen.

▶ Versuchen Sie, noch weiter zu gehen. Spüren Sie, wie die Menschen in Ihrer Straße, in Ihrer Stadt, in Ihrem Land, auf unserem Planeten alle miteinander durch Gedanken und Taten verbunden sind. Wie alles auf dieser Welt in gewisser Weise ein Teil von Ihnen ist.

Tipp

Befreien Sie sich von Dingen, von negativen Gedanken, vom Anhaften an Menschen, die Ihnen schaden – und schließlich von der Ichbezogenheit. Sie werden heiter und erstaunt sehen, dass Sie nach dieser Befreiung mehr haben als jemals zuvor.

Buchtipps

Carlson, R.: Alles kein Problem. Knaur, München 1998

Csikszentmihalyi, M.: Lebe gut! Klett-Cotta, Stuttgart 1999

Diamond, J.: Der Körper lügt nicht. VAK, Freiburg 1983

Dürckheim, K.G.: Vom doppelten Ursprung des Menschen. Herder, Freiburg 2001

Frankl, V.E.: Der Mensch vor der Frage nach dem Sinn. Piper, München 1986

Herrigel, E.: Zen in der Kunst des Bogenschießens. O.W. Barth, Bern 1984

Hofstadter D./Dennet D.: Einsicht ins Ich. Klett-Cotta, Stuttgart 1986

Kornfield, J.: Die Lehren des Buddhas. Knaur, München 1996

Kusenberg, K.: Mal was andres. Rowohlt, Reinbek 1983

Küstenmacher, T.: Simplify your life. Campus, Frankfurt a. Main 2001

Niven, D.: Die 100 Geheimnisse glücklicher Menschen. Integral, München 2000

Riemann, G. (Hrsg.) Tao, Lao-tzu, Chuang-tzu. Knaur, München 1994

Schwarz, A./Schweppe, R.: Das Mandala der Liebe. Bauer, Freiburg 2001

Schwarz, A./Schweppe, R.: Die philosophische Hausapotheke. Herbig, München 1999

Schwarz, A./Schweppe, R.: Anleitung zum Philosophieren. Herbig, München 2001

Schwarz, A./Schweppe, R.: Praxisbuch NLP. Südwest, München 2000

Schwarz, A./Schweppe, R.: Tao. Ludwig, München 2001

Schwarz, A./Schweppe, R.: Urlaub auf der Seeleninsel. Kösel, München 2003

Schwarz, A./Schweppe, R.: Träumer, Weiser, Inneres Kind. Kösel, München 2004

Thondup, T.: Die heilende Kraft des Geistes. Knaur, München 1996

Vienne, V./Lennard, E.: Die Kunst, nichts zu tun. Scherz, Bern 2000

Danksagung
Dieses Buch ist meiner Mutter gewidmet, die die »Philosophie des Loslassens« beispielhaft lebt. *Der Autor*

Die im Buch veröffentlichten Ratschläge wurden vom Verfasser sorgfältig erarbeitet und geprüft. Eine Garantie kann dennoch nicht übernommen werden, ebenso ist eine Haftung des Verfassers bzw. des Verlages und seiner Beauftragten für Personen-, Sach- und Vermögensschäden ausgeschlossen.

Bibliografische Information der Deutschen Bibliothek
Die Deutsche Bibliothek verzeichnet diese Publikation in der Deutschen Nationalbibliografie; detaillierte bibliografische Daten sind im Internet über http://dnb.ddb.de abrufbar

Urania Verlag
Verlagsgruppe Dornier
Postfach 80 06 69, 70506 Stuttgart

www.urania-verlag.de
www.verlagsgruppe-dornier.de

Lektorat: Dr. med. Christiane Lentz
Bildredaktion: Anne Jagert
Umschlaggestaltung: Behrend & Buchholz, Hamburg
Umschlagbild: © zefa/Pinto
Layout: Dr. Alex Klubertanz
Idee und Realisation: Medienprojekte München
Druck: Westermann Druck Zwickau
Printed in Germany

ISBN 3-332-01517-6

Bildnachweis
Jump, Hamburg: 40 (Lars Matzen); Lentz, Christiane, München: 9 (Fond), 42 (Fond): Mauritius-Bildagentur, Mittenwald: 7, 67 (Stock Image), 28 (Stock4B), 64, 70 (age); Photonica, Hamburg: 5 (Keizo Nakamura), 18 (Neo Vision), 31 (Voichi Kamihara); Zefa, Düsseldorf: 13 (G.Baden), 36 (Creasource), 53 (Pinto), 59 (Star)